Alexandra Piel

DaZ lernen mit Bewegung

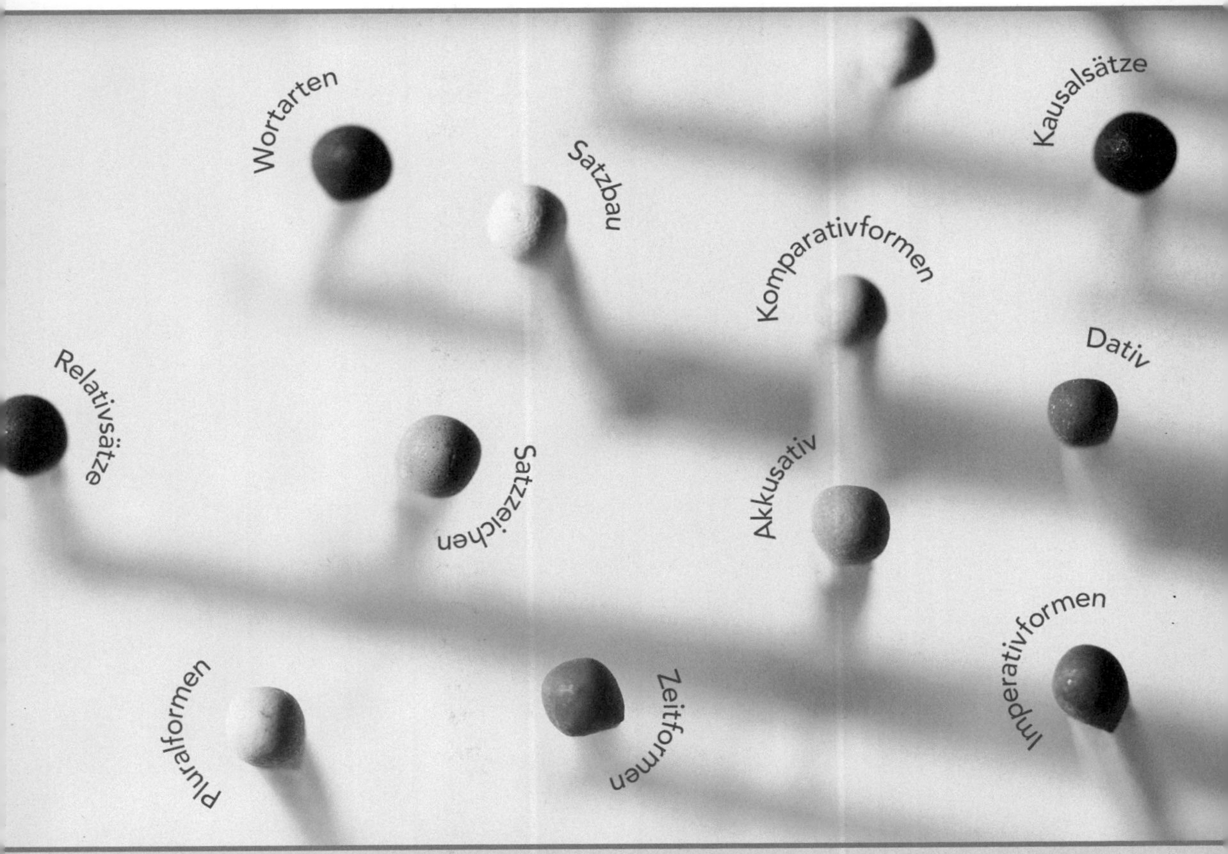

90 Spiele und Übungen zur Grammatik

Verlag an der Ruhr

Impressum

Titel
DaZ lernen mit Bewegung
90 Spiele und Übungen zur Grammatik

Autorin
Alexandra Piel

Titelbildmotiv und Kapiteldeckblätter
© sajola – photocase.de

Icons
laufendes Männchen: © blankstock; Pfeil „So geht's", Kreispfeile „Variante" und Warndreieck „Tipp": © marog-pixcells – alle Fotolia.com

Druck
Heenemann GmbH & Co. KG, Berlin, DE

Verlag an der Ruhr
Mülheim an der Ruhr
www.verlagruhr.de

Geeignet für die Klassen 3–13

ISBN 978-3-8346-3226-5

Inhaltsverzeichnis

Spiele am Platz

Kreisspiele

Staffelspiele

Reihenspiele

Spiele im ganzen Raum

Spiele außerhalb des Klassenraums

Vorwort

Liebe Kollegen*,

gerade für neu zugewanderte Schüler, die sich täglich in einem permanenten „Deutsch-Sprachbad" befinden, kann ein Schultag sehr anstrengend sein. Die andauernde Konfrontation mit der noch fremden Sprache stellt hohe Anforderungen an die Konzentration und Aufmerksamkeit dieser Kinder und Jugendlichen. Ein Unterrichtstag besteht für sie aus reichlich neuem Input, aber auch aus vielen Übungs- und Wiederholungsphasen, was schnell langweilig werden kann. Deshalb ist **insbesondere im DaZ-Unterricht viel methodische Abwechslung nötig**. Ein wohldosierter Wechsel zwischen Anspannung und Entspannung unterstützt die Schüler in ihrem Lernprozess. Sie werden es Ihnen danken, wenn sie sich während eines überwiegend sitzend verbrachten Schultages zwischendurch mal die Beine vertreten können.
Spiele und Bewegungsaufträge sorgen für willkommene Erholungspausen, bieten viel Spaß, aber auch neue Herausforderungen und verbessern die Aufnahmefähigkeit für den nächsten Lernstoff. Deshalb ist es sinnvoll, wenn Sie sich für den DaZ-Unterricht ein Repertoire an **schnell umsetzbaren Bewegungsspielen** aneignen, die spontan zwischengeschoben werden können, wenn Sie merken, dass bei Ihren Schützlingen die Konzentration nachlässt und sie etwas Abwechslung brauchen.

Dabei möchte Ihnen dieses Buch helfen, indem es Ihnen einen **vielseitigen Fundus** an solchen **Spielideen für bewegte Grammatikvermittlung** bietet. In der **tabellarischen Übersicht** am Ende des Bandes (S. 136) sehen Sie auf einen Blick, welche Grammatikbereiche mit welcher Aktivität trainiert werden. Vorgestellt werden überwiegend einfache, schnelle Spiele, die Sie **ohne großen Vorbereitungs- und Kopieraufwand und ohne teure Materialien** sofort umsetzen können. Sie folgen alle demselben **Aufbau**: Zunächst bündelt ein Überblickskasten die wichtigsten Eckdaten – hier finden Sie Angaben dazu, welches grammatikalische **Thema** das Spiel trainiert, mit welchem **Wortfeld** dieses gut verknüpft werden kann, für welche **Klassen- und Niveaustufe** das Spiel geeignet ist, in welcher **Sozialform** gespielt wird, wie hoch der **Grad der Bewegungsaktivität** ist (🏃 bis 🏃🏃🏃), wie viel **Zeit** eingeplant werden muss, welche **Vorbereitung** und welches **Material** nötig ist (in der Materialliste werden Tafel, Kreide, Stifte und Papier nicht extra erwähnt, da diese Dinge zur üblichen Ausstattung in jedem Klassenraum gehören). Anschließend folgt die **Spielbeschreibung** und in den meisten Fällen erhalten Sie zusätzliche **Umsetzungstipps** und Vorschläge für mögliche **Varianten**.

* Aus Gründen der besseren Lesbarkeit habe ich in diesem Buch i. d. R. die männliche Form verwendet. Natürlich sind damit auch immer Frauen und Mädchen gemeint, also Lehrerinnen, Schülerinnen, Psychologinnen etc.

Im Folgenden möchte ich Ihnen noch einige **allgemeine Hinweise und hilfreiche Tipps** an die Hand geben:

Die meisten Spiele sind für Lernende aller Altersgruppen geeignet. Allerdings kann es bei **älteren Schülern** wie auch bei **Erwachsenen** mitunter etwas **Überredungskunst** erfordern, um sie zu Bewegungsspielen zu aktivieren. Fangen Sie deshalb am besten mit kleinen Bewegungsaktivitäten (wie aufstehen, im Raum umhergehen) an, bevor Sie sich an ein schnelles Staffelspiel oder eine Hausrallye wagen. Versuchen Sie aber von Anfang an, Bewegungsspiele in Ihren Unterricht zu integrieren, damit es für die Lernenden – egal welchen Alters – eine Selbstverständlichkeit wird, aktiv zu werden und mit unterschiedlichen Interaktionspartnern umzugehen. Erklären Sie Ihrer Lerngruppe, soweit es sprachlich möglich ist, auch die Zielsetzung einer Bewegungsaktivität.

Wie oben beschrieben, wird bei jedem Spiel angegeben, ab welchem **Sprachniveau des Gemeinsamen Europäischen Referenzrahmens** es eingesetzt werden kann. Grundsätzlich finden Sie Aktivitäten für die **Niveaustufen A1–B1**. Je nachdem, wie anspruchsvoll die von Ihnen gestellten Aufgaben sind, lassen sich die Spielideen **leicht entsprechend der Lerngruppe anpassen** und bei Bedarf sogar über das B1-Niveau hinaus anheben: Bspw. könnten Sie Satz-Puzzles mit relativ kurzen Hauptsätzen bereits auf dem A1–Niveau durchführen, und um Schülern auf B2-Niveau eine angemessene Herausforderung zu bieten, lassen Sie sie verschachtelte Haupt- und Nebensätze zusammensetzen.

Bei einigen Spielen bekommen Sie unter „Sozialform" auch einen Hinweis auf eine maximale **Gruppengröße**. Diese Vorgabe soll verhindern, dass es beim Spiel zu unübersichtlich wird oder dem Einzelnen zu wenig Redeanteil bleibt. Wenn Sie genug Platz zur Verfügung haben, können Sie viele dieser Spiele aber auch mit größeren Klassen durchführen, indem Sie sie in mehrere Gruppen aufteilen, die parallel spielen.

Beziehen Sie Ihre Lerngruppe bei der vorbereitenden **Herstellung von Spielkarten und -materialien** ein. Gerade leistungsstärkeren Schülern können Sie damit ein **attraktives zusätzliches Lernangebot** machen. Lassen Sie sie – z. B. wenn sie mit einer Aufgabe schneller fertig sind als andere – Spielkarten nach einem von Ihnen vorgegebenen Muster entwickeln.

So können die Schüler bspw. Wortkarten zu ihrem Lernwortschatz schreiben. Erklären Sie ihnen vorher, wie diese Kärtchen gestaltet werden sollen, und fertigen Sie zur Veranschaulichung einige Beispiele an:
- ⊙ Substantive sollten mit Artikel und Pluralform aufgeschrieben werden.
- ⊙ Verben werden mit Infinitiv und 3. Person Singular notiert.

Solche Wortkarten können Sie später bspw. gut für Staffelspiele verwenden. Ebenso könnten sich die Schüler Quizfragen zu aktuellen Unterrichtsinhalten überlegen. Sammeln Sie diese Kärtchen ein, korrigieren Sie sie ggf. und nutzen Sie sie bei passender Gelegenheit für ein Wiederholungsquiz.

Wählen Sie zunächst einige Spielvorschläge aus, die Ihnen besonders gut gefallen und die **zu Ihrer aktuellen Lerngruppe passen**. Bereiten Sie für diese Spiele alles so weit vor, dass Sie die Aktivität bei nächster Gelegenheit spontan im Unterricht umsetzen können.
Die meisten Spiele können Sie **wiederholt** – mit neuer Fragestellung oder anderen Wortfeldern – in Ihrer Lerngruppe **durchführen**. Überlegen Sie sich, wie Sie ein Spiel, das bei Ihren Schülern gut angekommen ist, so umwandeln können, dass es auch bei erneutem Einsatz noch interessant bleibt. Es ist gerade bei DaZ-Anfängern sinnvoll, sich auf einige erprobte Spieltypen zu stützen, weil Sie so die zeitraubenden und komplizierten Erklärungen neuer Regeln vermeiden können.

Die hier zusammengestellten Spiele verfolgen **vielfältige Lernziele**, die weit über die bloße Verbesserung der Sprachkompetenz hinausgehen. So üben die Schüler beim Spiel bspw. das soziale Miteinander, sie kooperieren mit wechselnden Lernpartnern und trainieren ihre Merkfähigkeit oder Reaktionsgeschwindigkeit. Im Vordergrund steht jedoch stets, ihnen die Angst vor dem Sprechen zu nehmen und Freude an der neuen Sprache zu vermitteln. Deshalb sollten Sie Fehler, die beim Spielen gemacht werden, nur zurückhaltend korrigieren. Zu viele Unterbrechungen stören den Spielfluss. Machen Sie sich lieber entsprechende Notizen und greifen Sie bestimmte Fehlerschwerpunkte zu einem späteren Zeitpunkt im Unterricht auf.

Nach einem neuen Spiel lohnt eine kurze **Reflexionsrunde**, wie es Ihren Schülern gefallen hat. Wer sich noch nicht gut auf Deutsch ausdrücken kann, äußert seine Meinung dazu mithilfe von Smileys.

Gehen Sie kreativ mit den Spielbeschreibungen um: Erweitern Sie die Anleitungen mit Ihren eigenen Ideen, wandeln Sie die Spielregeln nach Ihren Bedürfnissen ab und passen Sie die Spiele Ihrer Lerngruppe an. Viele Aktivitäten eignen sich nicht nur für den Wettbewerb gegeneinander, sondern können auch gegen die Uhr oder als Jagd nach einem eigenen Rekord gespielt werden. Notieren Sie dafür die von der gesamten Klasse oder einem einzelnen Spieler erreichten Punkte. Ermuntern Sie die Lerngruppe dann bei einem erneuten Spiel, diesen Rekord zu brechen.

Das Wichtigste zum Schluss: Probieren Sie mit Ihrer Lerngruppe nur solche Spiele aus, an denen Sie selbst Spaß haben. So können Sie Ihre Schüler am besten motivieren und begeistern. Lassen Sie sich nicht entmutigen, wenn etwas mal nicht gut klappt. Vielleicht gelingt es mit einer anderen Lerngruppe oder zu einem späteren Zeitpunkt besser!

Viel Spaß beim Ausprobieren wünscht

Alexandra Piel

lernen mit Bewegung

Wortarten
Satzbau
Kausalsätze
Komparativformen
Dativ
Relativsätze
Satzzeichen
Akkusativ
Imperativformen
Pluralformen
Zeitformen

Spiele am Platz

Satzzeichenspiel

Thema: Satzzeichen

Wortfeld: Alltagsgespräche

Klasse: 3. bis 8. Klasse

Niveaustufe: ab A1

Sozialform: alle zusammen

Bewegungsintensität:

Dauer: 5 bis 10 Minuten

Vorbereitung: geeigneten Text auswählen, z. B. einen Dialog aus Ihrem DaZ-Lehrwerk

Material: Text zum Vorlesen

So geht's

Vereinbaren Sie mit Ihrer Lerngruppe bestimmte Bewegungen für Satzzeichen, z. B.:

- Punkt → mit einem Fuß auf den Boden stampfen
- Fragezeichen → Fragezeichen mit der rechten Hand in die Luft malen
- Ausrufezeichen → in die Hände klatschen
- Doppelpunkt → zwei Fäuste nach vorn strecken
- Anführungszeichen oben → Arme nach oben ausstrecken
- Anführungszeichen unten → nach vorn gebeugt die Hände zum Boden strecken
- Komma → rechtes Bein nach vorn heben

Schreiben Sie diese Vorgaben an die Tafel. Verdeutlichen Sie den Schülern die gewünschten Gesten durch Vorspielen. Üben Sie danach mit der Gruppe, indem Sie mehrere Runden lang trainieren: Lassen Sie die Schüler aufstehen und geben Sie ihnen Kommandos, wie „Punkt", „Komma", „Anführungszeichen oben". Die Spieler machen die entsprechenden Bewegungen zu diesen Kommandos. Nach dieser Übungsphase lesen Sie Ihrer Lerngruppe langsam den ausgewählten Text vor. Bei den Satzzeichen reagieren die Schüler mit den vereinbarten Bewegungen. Machen Sie zwischen den einzelnen Sätzen kurze Pausen, damit sich alle auf die nächste Aufgabe konzentrieren können.

Variante

Einfacher wird es, wenn Sie das Spiel nicht mit einem zusammenhängenden Text, sondern mit einzelnen Sätzen durchführen. Diese Sätze können die Lerner in einer vorgeschalteten Arbeitsphase selbstständig formulieren oder aus ihrem Lehrbuch übernehmen. Jeder Satz wird auf einen separaten Zettel geschrieben. Reichen Sie jeweils einem Schüler einen Zettel und bitten Sie ihn, den darauf stehenden Satz vorzulesen. Die anderen führen dazu die passenden Bewegungen aus.

Schleichdiktat

Thema: Satzbau und Rechtschreibung

Wortfeld: beliebig

Klasse: 3. bis 13. Klasse

Niveaustufe: ab A1

Sozialform: Einzelarbeit (max. 10 Lerner)

Bewegungsintensität:

Dauer: 10 bis 15 Minuten (abhängig von der Länge des Textes)

Vorbereitung: Text zerschneiden und aufhängen, Lösungszettel kopieren

Material: in Streifen zerschnittener Text, Lösungszettel mit vollständigem Text, Klebeband

So geht's

Schreiben Sie einen Text in großer Schrift (mindestens 18 Punkt). Zerschneiden Sie ihn in Abschnitte oder satzweise in Streifen. Hängen Sie die Teile in willkürlicher Anordnung an einer Wand im Klassenraum auf.
Die Schüler bekommen die Aufgabe, den Text in ihr Heft abzuschreiben. Dafür stehen sie auf, gehen zu einem Zettel, lesen den darauf stehenden Text, kehren wieder zu ihrem Platz zurück und schreiben den Text aus dem Gedächtnis auf. Sie dürfen dazu so oft wie nötig aufstehen, sollten allerdings versuchen, sich pro Durchgang zumindest einen vollständigen Satz zu merken. Danach sucht jeder den folgenden Textstreifen, der ebenso abgeschrieben wird.
So geht es weiter, bis alle den vollständigen Text in ihrem Heft stehen haben. Anschließend überprüfen die Schüler mithilfe eines Lösungszettels, ob sie alles korrekt und in der richtigen Reihenfolge übertragen haben.

Tipps

- Um Gedränge bei den Satzstreifen zu vermeiden, hängen Sie bei größeren Lerngruppen an verschiedenen Stellen im Klassenraum jeweils einen zerschnittenen Text auf. Teilen Sie die Schüler entsprechend auf.
- Zur Differenzierung können Sie Texte mit unterschiedlicher Länge und anderem Schwierigkeitsgrad verwenden. Weisen Sie den Schülern je nach ihrem Sprachniveau die entsprechende Aufgabe zu.
- Wenn alle Lernenden trotz Leistungsunterschied mit dem gleichen Text arbeiten sollen, zerschneiden Sie verschiedene Kopien in unterschiedlich viele (und leichter oder schwieriger zu ordnende) Stücke.

- Lassen Sie jeweils zwei Schüler, die ungefähr zeitgleich mit dem Abschreiben fertig sind, gegenseitig ihre Texte kontrollieren. Dabei können sie das Lösungsblatt zu Hilfe nehmen.

Varianten

- Weniger anspruchsvoll ist das Spiel, wenn Sie den Text nicht zerschnitten in Sätze, sondern vollständig präsentieren. Hängen Sie Kopien an verschiedenen Stellen im Klassenzimmer auf, sodass sich die Schüler bei dieser Übung gut im Raum verteilen können.
- Wenn Sie bei dieser Aktivität über den Satzbau hinaus bestimmte Grammatikstrukturen trainieren möchten, lassen Sie an einigen Stellen im Text Lücken. Hier müssen die Schüler beim Abschreiben selbstständig bspw. die passenden Adjektivendungen oder Verbformen einsetzen.

Fliegenklatschenspiel

Thema: trennbare Verben (mit den Vorsilben ab-, auf-, ein-, los-, nach-, vor-, weg-, zurück-) konjugieren

Wortfeld: Tätigkeiten

Klasse: 3. bis 8. Klasse

Niveaustufe: ab A2

Sozialform: Gruppenarbeit

Bewegungsintensität:

Dauer: 5 bis 10 Minuten

Vorbereitung: Karteikarten mit Verben und Vorsilben beschriften (ein Wort/eine Silbe pro Karte)

Material: 1 Fliegenklatsche pro Schüler, 1 Set Verbkarten (mind. 20 Stück) und 1 Set Vorsilbenkarten (8 Stück) pro Gruppe

So geht's

Teilen Sie die Lerngruppe in Teams mit maximal fünf Schülern auf. Jedes Team setzt sich um einen Tisch herum, auf dem jeweils die acht Vorsilbenkarten mit ausreichend Abstand voneinander offen liegen. In jeder Gruppe übernimmt ein Schüler die Rolle des Spielleiters. Er bekommt einen Stapel mit Verbkarten. Es handelt sich dabei um Verben wie schreiben, nehmen, kommen, die sich mit den Vorsilben (s. o.) verbinden lassen. Die Verbkarten werden verdeckt auf einen Stapel gelegt. Alle anderen Schüler erhalten je eine Fliegenklatsche. Der Spielleiter zieht die erste Verbkarte und liest sie vor. Die Spieler schlagen mit ihrer Fliegenklatsche auf eine Vorsilbe, die sich mit dem genannten Verb kombinieren lässt. Wer zuerst eine passende Silbe getroffen hat, muss die 1. Person Singular des so entstandenen Verbs bilden. Wenn die Lösung stimmt, notiert der Spielleiter einen Punkt für diesen Schüler.
Danach ziehen sich alle mit ihren Fliegenklatschen auf die Ausgangsposition zurück und der Spielleiter nimmt die nächste Verbkarte vom Stapel.

Tipps

- Sie können zunächst mit nur vier verschiedenen Vorsilben starten und ihre Zahl dann im Laufe des Spiels erhöhen.
- Erstellen Sie einen Lösungszettel mit den möglichen Verbkombinationen für jeden Spielleiter.
- Lassen Sie die Schüler nach dem Spiel Sätze mit den zusammengesetzten Verben bilden.

Bewegte Zeiten

Thema: verschiedene Zeitformen von Verben

Wortfeld: Tätigkeiten

Klasse: 3. bis 13. Klasse

Niveaustufe: ab B1

Sozialform: Einzel-/Partnerarbeit, alle zusammen

Bewegungsintensität: 🏃

Dauer: 10 bis 15 Minuten

Vorbereitung: –

Material: 2–3 Papierstreifen pro Schüler, 1 Korb

So geht's

Die Schüler formulieren in Einzel- oder Partnerarbeit Sätze in verschiedenen (bereits durchgenommenen) Zeitformen. Sie schreiben jeden Satz auf einen anderen Papierstreifen. Fertige Sätze werden Ihnen zur Korrektur vorgelegt und danach in einem Korb o. Ä. gesammelt.
Nach der Schreibphase stehen alle von ihren Plätzen auf. Halten Sie einem Schüler das Körbchen hin. Er zieht einen Satz und liest ihn langsam vor. Die Mitschüler müssen, je nach der verwendeten Zeitform, eine vorher vereinbarte Bewegung machen. Welche Bewegung Sie mit welcher Zeitform verbinden, ist beliebig. Schreiben Sie die gewünschten Gesten an die Tafel und spielen Sie den Schülern vor, was sie machen sollen. Hier ein Beispiel:

- Präsens → vor dem Körper in die Hände klatschen
- Perfekt → mit den Daumen über die Schulter nach hinten zeigen
- Futur → einen Schritt nach vorn gehen

Nachdem ein Satz entsprechend bearbeitet wurde, wird der Korb weitergereicht. Ein anderer Schüler liest den nächsten Satz vor.

Tipp

Lassen Sie leistungsschwächere Schüler Sätze aus dem Lehrwerk auswählen und auf Papierstreifen schreiben.

Variante

Sie können die Schüler auch Sätze in nur einer Zeitstufe formulieren lassen. Mit unterschiedlichen Bewegungen sollen sie dann anzeigen, ob ein Satz im Singular oder Plural steht. Diese Variante ist bereits für Sprachanfänger geeignet.

Lückenpantomime

Thema: Sätze im Perfekt formulieren

Wortfeld: Tätigkeiten

Klasse: 7. bis 13. Klasse

Niveaustufe: ab B1

Sozialform: alle zusammen

Bewegungsintensität:

Dauer: ca. 10 Minuten

Vorbereitung: Bildkarten kopieren und ausschneiden

Material: Bildkarten mit Handlungsabläufen (siehe KV auf S. 19)

 So geht's

Die Schüler sitzen auf ihren Plätzen, einer von ihnen kommt nach vorn. Geben Sie ihm eine Karte, auf der ein 3-teiliger Handlungsablauf dargestellt ist. Er spielt diese Handlung pantomimisch vor, lässt aber den auf der Karte durchgestrichenen Teil weg. Bspw. demonstriert er, wie er eine Flasche öffnet und aus einem Glas trinkt. Er zeigt aber nicht, wie er aus der Flasche ins Glas einschüttet. Die Zuschauer müssen mit einer Perfektkonstruktion sagen, was der Spieler nicht gemacht hat, in diesem Fall also: „Du hast nichts in ein Glas geschüttet." Danach ist jemand anderes an der Reihe und stellt eine neue Handlungskette dar.

 Tipps

- Nachdem Sie einige Runden mit Vorlagen gespielt haben, können die Schüler improvisieren und spontan Handlungsabläufe vorspielen.
- Bei schwächeren Lerngruppen können Sie die drei Verbformen, die zu einem Handlungsablauf gehören, im Infinitiv an die Tafel schreiben. Somit müssen die Schüler bei der Pantomime nur noch erkennen, welcher Schritt weggelassen wurde, und die korrekte Perfektform zu dem entsprechenden Verb bilden.

 Variante

Sie können dieses Spiel als Wettbewerb zwischen zwei Gruppen durchführen. Die Spieler beider Teams beginnen gleichzeitig mit der Darstellung. Die Gruppe, die zuerst den fehlenden Handlungsteil richtig errät, bekommt einen Punkt.

Bildkarten Handlungsabläufe

Illustrationen: Astrid Wilkesmann

Das Auto wird repariert

Thema: Passiv

Wortfeld: beliebig

Klasse: 5. bis 13. Klasse

Niveaustufe: ab B1

Sozialform: alle zusammen

Bewegungsintensität:

Dauer: 5 bis 10 Minuten

Vorbereitung: –

Material: 1 kleiner Ball

So geht's

Schreiben Sie einen kurzen Satz im Passiv an die Tafel, z. B. „Das Auto wird repariert." Werfen Sie den Ball zu einem Schüler. Er stellt eine Frage zu dem Satz, in der er die Verbform aufgreift, z. B. „Wo wird das Auto repariert?". Diese Frage schreibt er an die Tafel. Danach wirft er den Ball zu einem Mitschüler. Dieser muss die Frage beantworten – z. B.: „Das Auto wird in der Werkstatt repariert" – und seine Antwort ebenfalls an der Tafel notieren. Wichtig ist, dass bei jeder Frage und Antwort die vorgegebene Passivkonstruktion wiederholt wird.
Nach einigen Runden bitten Sie die Schüler um einen neuen Passivsatz und machen damit weiter.

Tipp

Spielen Sie nur die erste Runde gemeinsam an der Tafel. Lassen Sie die Schüler danach paarweise arbeiten, damit jeder intensiver gefordert ist. Geben Sie allen den gleichen Satz als Ausgangspunkt vor. Ein Spieler des Teams stellt die erste Frage, der andere antwortet und formuliert die nächste Frage.
So geht es immer im Wechsel.

Wo liegt was?

Thema: Lagebezeichnungen mit Dativ, Präpositionen

Wortfeld: Körperteile

Klasse: 3. bis 6. Klasse

Niveaustufe: ab A2

Sozialform: Partnerarbeit

Bewegungsintensität:

Dauer: 5 bis 10 Minuten

Vorbereitung: –

Material: 1 Isomatte o. Ä. pro Paar, evtl. Schals oder Schlafmasken in halber Klassenstärke zum Augenverbinden

So geht's

Die Lerner arbeiten paarweise zusammen. Jeweils ein Schüler legt sich auf eine Isomatte auf den Fußboden und schließt die Augen bzw. bekommt sie verbunden. Auf verschiedenen Stellen seines Körpers platziert der Partner zwei oder drei leichte Gegenstände (z. B. Stift, Taschentuch, Radiergummi, Haarspange etc.). Dabei darf sich der Liegende nicht bewegen. Er muss raten, welche Gegenstände sich wo befinden, z. B.: „Liegt das Radiergummi auf meinem Bauch?" oder „Liegt der Stift unter meiner Hand?". Dazu kann man ihm entweder vorher eine Auswahl von möglichen Dingen zeigen oder ihn ohne Hilfestellung raten lassen. Wenn alles herausgefunden wurde, werden die Rollen getauscht.

Tipps

- Wenn Ihre Schüler nicht gut still liegen können, lassen Sie sie nur einen Gegenstand hinlegen und erraten, bevor die Rollen getauscht werden.
- Bei großen Gruppen sollten Sie dieses recht platzaufwändige Spiel außerhalb des Klassenraums durchführen.

Variante

Falls Ihre Schüler es unangenehm finden, die Gegenstände auf ihrem Körper zu spüren oder sich mit geschlossenen Augen hinzulegen, können Sie einige Schüler stattdessen ihre Gegenstände im Klassenraum verstecken lassen. Diejenigen, die raten sollen, müssen währenddessen kurz das Zimmer verlassen. Wenn sie wieder hereingerufen werden, müssen sie herausfinden, wo die Gegenstände sind. Sie machen sich auf die Suche und benennen den jeweiligen Fundort.

Alle stehen auf, die …

Thema: Relativsätze bilden

Wortfeld: über sich sprechen (Familie, Hobbys, Vorlieben etc.)

Klasse: 3. bis 13. Klasse

Niveaustufe: ab A1 (als Chunk), ab B1 (Relativsatzbildung)

Sozialform: alle zusammen

Bewegungsintensität:

Dauer: 5 bis 10 Minuten

Vorbereitung: –

Material: 1 kleiner Ball

So geht's

Alle sitzen auf ihren Plätzen. Sie halten den Ball in der Hand und geben den ersten Auftrag vor, z. B.: „Alle stehen auf, die gern Pizza essen." Die Schüler reagieren dementsprechend und setzen sich danach wieder hin. Werfen Sie den Ball zu einem Schüler. Er muss den nächsten Auftrag nennen. Dabei soll er die Formulierung „Alle stehen auf, die …" verwenden. Hier einige Vorschläge für mögliche Ergänzungen:

- Alle …, die ein Haustier haben.
- Alle …, die Arabisch sprechen können.
- Alle …, die gern Fußball spielen.
- Alle …, die eine Schwester haben.

Anschließend wird der Ball zu einem Mitschüler geworfen, der den nächsten Relativsatz bildet, usw.

Tipp

Sie können das Spiel sowohl in Anfängergruppen als auch bei Fortgeschrittenen einsetzen. Fortgeschrittene Lerner könnten die Auflage bekommen, nur Sätze in der Vergangenheit zu bilden, also bspw.:

- Alle …, die schon einmal einen Kuchen gebacken haben.
- Alle …, die schon einmal am Meer waren.
- Alle …, die schon einmal ein Haustier hatten.

Buzzer-Spiel

Thema: Abfrage beliebiger Grammatikinhalte

Wortfeld: beliebig

Klasse: 3. bis 8. Klasse

Niveaustufe: ab A1

Sozialform: in Gruppen gegeneinander (max. 20 Lerner)

Bewegungsintensität:

Dauer: 10 bis 15 Minuten

Vorbereitung: Fragekarten vorbereiten bzw. Aufgaben auswählen

Material: Fragekarten (Anzahl beliebig), 1 Buzzer/Tischklingel

So geht's

Teilen Sie die Lerngruppe in drei bis fünf Teams. Jede Mannschaft sitzt zusammen an einem Tisch. Die Tische sollten gleich weit vom Buzzer entfernt sein, der sich auf dem Pult befindet.
Fragen Sie in diesem Spiel die vorbereiteten Inhalte ab, z. B. unregelmäßige Verbformen, Lückensätze, Multiple-Choice-Fragen o. Ä. Alle Gruppen spielen gegeneinander und haben bei jeder Frage die Möglichkeit zu antworten. Sobald ein Team eine Antwort geben möchte, muss ein Spieler loslaufen und den Buzzer berühren. Erst danach darf ein Antwortversuch unternommen werden. Falls mehrere gleichzeitig losrennen, darf derjenige antworten, der als Erstes den Buzzer erreicht hat. Wenn die Antwort richtig ist, bekommt die betreffende Mannschaft einen Punkt. Sollte die Lösung falsch sein, haben die anderen Gruppen noch einmal die Chance, die korrekte Lösung zu finden. Wieder darf das Team antworten, das zuerst den Buzzer berührt hat.
Es gilt die Regel, dass nur geantwortet werden darf, wenn vorher der Buzzer berührt wurde. Falls eine Mannschaft gegen diese Regel verstößt und einfach in die Klasse ruft, wird ihr ein Strafpunkt abgezogen.

Tipp

Für dieses Spiel können Sie gut Aufgaben/Quizfragen nutzen, die zuvor von einigen Schülern während der Unterrichtseinheit vorbereitet wurden.

Höflicher Simon

Thema: Imperativformen, Aufforderungen verstehen und umsetzen

Wortfelder: Tätigkeiten, Bewegungsabläufe, Körperteile

Klasse: 5. bis 13. Klasse

Niveaustufe: ab A1

Sozialform: alle zusammen

Bewegungsintensität:

Dauer: 5 Minuten

Vorbereitung: –

Material: –

So geht's

Bei diesem Spiel handelt es sich um eine Abwandlung des aus dem Englischunterricht bekannten Spiels „Simon says".
Alle erheben sich von ihren Plätzen. Sie stehen vor der Klasse und geben den Schülern Anweisungen, die sie umsetzen sollen, wie z. B. „Klatscht bitte in die Hände!" oder „Legt bitte eure linke Hand auf eure rechte Schulter!" Immer wenn Sie in Ihrer Aufforderung die Höflichkeitsform „bitte" verwenden, müssen die Schüler entsprechend reagieren. Wenn Sie eine Anweisung ohne das Wort „bitte" erteilen, darf sich niemand bewegen. Wer der Aufforderung dann dennoch folgt, scheidet aus.
Nach ein paar Spielrunden können Sie einen Schüler bestimmen, der seinen Mitspielern entsprechende Bewegungsaufträge erteilt.

Tipps

- Um möglichst viele Schüler in die Irre zu führen, sollten Sie das Spiel mit diversen Aufträgen mit „bitte" starten. Erst wenn sich alle daran gewöhnt haben, dass auszuführende Anweisungen gegeben werden, lassen Sie die Höflichkeitsfloskel ab und zu weg.
- Sie können an diejenigen Spieler, die der Anweisung trotz fehlendem „bitte" folgen, auch jeweils einen Strafpunkt geben, statt sie ausscheiden zu lassen. So sind immer alle Schüler am Spiel beteiligt.

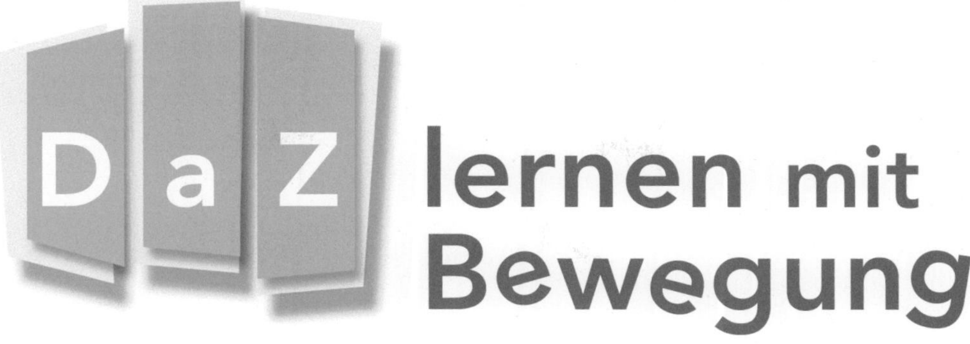

DaZ lernen mit Bewegung

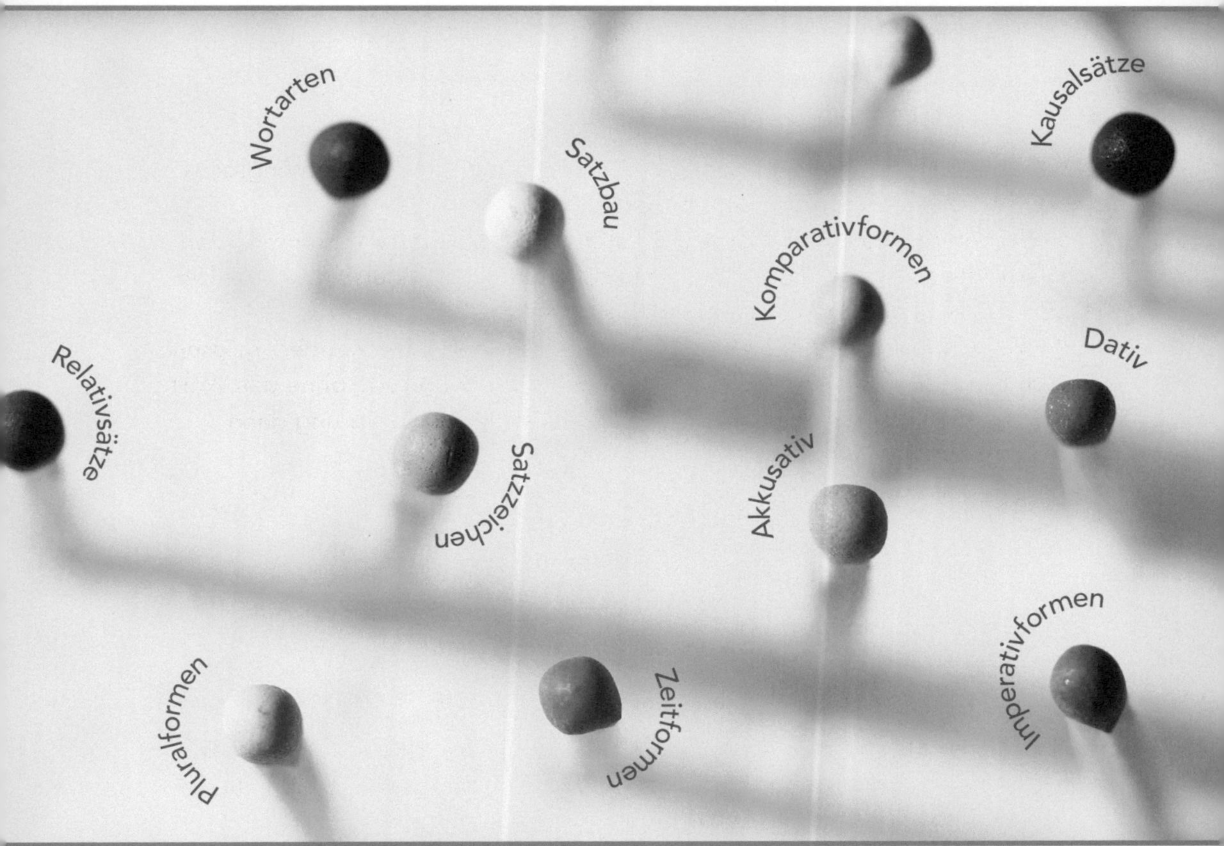
Wortarten
Kausalsätze
Satzbau
Komparativformen
Relativsätze
Dativ
Satzzeichen
Akkusativ
Imperativformen
Pluralformen
Zeitformen

Kreisspiele

Verb-Kette

Thema: Verben in der 1. und 3. Pers. Sg. konjugieren

Wortfeld: Tätigkeiten

Klasse: 3. bis 13. Klasse

Niveaustufe: ab A1

Sozialform: alle zusammen (max. 12 Lerner)

Bewegungsintensität: 🏃🏃

Dauer: ca. 10 Minuten

Vorbereitung: ggf. Wort- oder Bildkarten mit Verben erstellen/auswählen

Material: ggf. Wort- oder Bildkarten mit Verben in Klassenstärke

So geht's

Alle stehen (oder sitzen) im Kreis. Ein Schüler beginnt und stellt ein Verb pantomimisch dar. Er kann ein beliebiges Verb nehmen oder bekommt von Ihnen durch eine Wort- bzw. Bildkarte ein Wort vorgegeben. Dazu sagt er, was er macht, z. B.: „Ich telefoniere." Danach ist der Schüler rechts neben ihm an der Reihe. Er wiederholt die Pantomime und sagt „Er (bzw. sie, wenn es ein Mädchen war) telefoniert." Direkt im Anschluss stellt er ein neues Verb pantomimisch dar und ergänzt: „Und ich laufe." Der folgende Spieler wiederholt sowohl die erste als auch die zweite Verbdarstellung und benennt die Tätigkeiten. Dann zeigt er seine eigene Pantomime. So geht es nach dem bekannten Spielprinzip „Koffer packen" weiter. Das Spiel endet, wenn alle ein eigenes Verb dargestellt haben.

Tipp

Um die Übersicht bei diesem Kettenspiel zu behalten, können Sie sich Notizen machen und die genannten Verben aufschreiben.

Variante

Wenn Sie Vergangenheitsformen üben wollen, können Sie den Schülern den Auftrag geben, die Verben im Perfekt oder Imperfekt zu konjugieren. Auf diese Weise können Sie ebenso Passivkonstruktionen, wie „eine Kartoffel wird geschält" oder „ein Schuh wird geputzt", trainieren.

Wiederholte Pantomime

Thema: Verben in der 2. Pers. Sg. konjugieren

Wortfeld: Tätigkeiten

Klasse: 3. bis 13. Klasse

Niveaustufe: ab A1

Sozialform: alle zusammen (max. 12 Lerner)

Bewegungsintensität:

Dauer: 5 bis 10 Minuten

Vorbereitung: Wort- oder Bildkarten mit Verben erstellen/auswählen

Material: Wort- oder Bildkarten mit Verben in Klassenstärke

So geht's

Die Schüler stehen im Kreis. Der erste bekommt eine Verbkarte von Ihnen und stellt das entsprechende Wort pantomimisch dar. Die anderen raten, was vorgespielt wurde, und rufen das Verb in der Du-Form in die Klasse, z. B. „Du schwimmst!". Danach ist der nächste Spieler an der Reihe. Er wiederholt zunächst die Pantomime seines Vorgängers, die anderen nennen erneut das Verb. Anschließend geben Sie auch ihm eine Verbkarte und er spielt dieses Verb vor. Wieder müssen die anderen raten. So geht es weiter, bis jeder Schüler ein Verb dargestellt und das vorhergehende wiederholt hat.

Tipps

- Besonders gut eignet sich das Spiel, um unregelmäßige Verben, wie sehen, laufen, fahren, nehmen, geben, zu üben, weil der Fokus auf der 2. Person Singular liegt, wo die Umlautung (ich sehe, du siehst) stattfindet.
- In großen Lerngruppen sollten Sie zwei Teams getrennt voneinander spielen lassen. Da Sie in diesem Fall viel Platz für zwei Kreise benötigen, gehen Sie am besten mit Ihren Schülern auf den Schulhof.

Variante

Statt der Du-Form können die Schüler auch die 3. Person Singular üben, indem sie die Form „er/sie …" verwenden.

Kreis der Gemeinsamkeiten

Thema: Sätze im Präsens

Wortfelder: sich kennenlernen, über sich selbst sprechen

Klasse: 3. bis 13. Klasse

Niveaustufe: ab A1

Sozialform: alle zusammen

Bewegungsintensität:

Dauer: 5 bis 10 Minuten

Vorbereitung: –

Material: –

 So geht's

Die Schüler stehen in einem großen, weiten Kreis. Ein Spieler stellt sich vor und sagt einen Satz über sich selbst, z. B.: „Ich bin Ahmed. Ich habe einen Bruder." Alle, die auch einen Bruder haben, gehen einen Schritt Richtung Kreismitte und bleiben dort stehen. Die anderen verändern ihre Position nicht. Danach ist der nächste Spieler an der Reihe, etwas über sich zu verraten, z. B.: „Ich bin Norma. Ich stricke gern." Wer das auch gern tut, darf ebenfalls einen Schritt Richtung Kreismitte machen. Eine Spielrunde läuft so lange, bis jeder einen Satz über sich gesagt oder der erste die Kreismitte erreicht hat.
Anschließend können Sie das Spiel auswerten: Je näher jemand zur Kreismitte steht, desto mehr Gemeinsamkeiten hat er mit seinen Mitschülern. Daran können Sie ein Gespräch mit den Schülern anschließen, welche von ihnen besonders viele Gemeinsamkeiten miteinander haben.

 Tipp

Damit die Schüler einheitlich große Schritte machen, können Sie auf dem Boden mithilfe von Klebezetteln gleichmäßige Abstände markieren. Alternativ lässt sich das Spiel auch gut auf den Schulhof auslagern, wo Sie den großen Kreis mit Kreide markieren und mehrere, immer kleiner werdende Kreise hineinzeichnen. Jeder Kreisbogen symbolisiert dabei einen Schritt.

Verbkonjugation mit Ausscheiden

Thema: Verben konjugieren

Wortfeld: Tätigkeiten

Klasse: 3. bis 13. Klasse

Niveaustufe: ab A1

Sozialform: alle zusammen

Bewegungsintensität:

Dauer: 5 bis 10 Minuten

Vorbereitung: –

Material: –

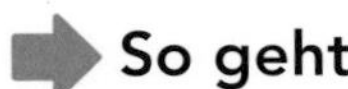

So geht's

Die Schüler bilden einen Stuhlkreis und stellen sich jeweils vor ihren Stuhl. Sie sollen der Reihe nach ein von Ihnen vorgegebenes Verb in seinen sechs Personalformen beugen. Eine davon ist jedoch der „Schwarze Peter" – wer mit dieser Form an der Reihe ist, muss anschließend ausscheiden.
Legen Sie vor dem Spiel fest, welche die „Ausscheideform" ist, z. B. „ihr". Geben Sie nun einen Infinitiv vor und zeigen Sie auf einen beliebigen Schüler. Er bildet die 1. Person Singular des Verbs: „ich …". Die Gruppe spricht die Form im Chor nach. Dann ist nach dem Uhrzeigersinn der Nächste an der Reihe und ergänzt die Du-Form usw. Wer bei „ihr …" an der Reihe ist, muss sich auf seinen Stuhl setzen. Sein Nachbar konjugiert weiter mit der 3. Person Plural: „sie …".
Der Folgende nennt einen neuen Infinitiv und das Spiel geht im Kreis weiter. Dabei scheidet immer die zuvor vereinbarte Form aus. Es wird so lange mit weiteren Verben gespielt, bis nur noch ein Schüler steht.

Tipps

- In leistungsschwächeren Gruppen können Sie vor dem Spiel mit den Schülern Verben sammeln und an die Tafel schreiben.
- Wenn Sie bestimmte Verben mit dem Spiel trainieren wollen, können Sie den Schülern auch Wort- oder Bildkarten vorgeben.
- Wenn es nicht so lange dauern soll, legen Sie für eine Runde mehrere Personalformen fest, bei denen sich jeweils ein Schüler hinsetzen muss.

Variante

Dieses Spiel eignet sich auch gut zum Einüben beliebiger Reihen, wie bspw. Zahlen, Wochentage, Monate etc.

Konjugations-Jonglage

Thema: Hilfsverben und unregelmäßige Verben im Präsens konjugieren

Wortfeld: Tätigkeiten

Klasse: 3. bis 13. Klasse

Niveaustufe: ab A1

Sozialform: alle zusammen

Bewegungsintensität: 

Dauer: ca. 10 Minuten

Vorbereitung: Verbkarten erstellen

Material: 3 kleine Bälle, ca. 10 Karten mit Infinitiven

So geht's

Alle stehen in einem großen, weiten Kreis. Geben Sie einem Schüler eine Verbkarte und werfen Sie ihm einen der Bälle zu. Er muss zu dem vorgegebenen Infinitiv die 1. Person Singular bilden und den Ball zu einem Mitschüler werfen, der mit der 2. Person Singular fortfährt. So geht es weiter, bis alle sechs Formen eines Verbs konjugiert wurden. Dann wird der Ball zu einem Schüler gespielt, dem Sie eine neue Verbkarte vorlegen. Nun wird dieses Verb konjugiert. Das geht so lange, bis jeder einmal den Ball hatte und eine Verbform gebildet hat. Achten Sie darauf, dass kein Schüler 2-mal an der Reihe ist, sonst funktioniert das Spiel nicht.

Spielen Sie danach ein bis zwei weitere Runden, damit sich alle den Ablauf einprägen können. Jeder muss den Ball in derselben Reihenfolge wie vorher zu seinen Mitschülern werfen und dazu die Verbform aus der ersten Spielrunde nennen. Wenn sich jeder gemerkt hat, von wem er den Ball fangen und an wen er ihn weitergeben muss, bringen Sie den zweiten Ball ins Spiel. Er wird in der gleichen Reihenfolge wie der erste gespielt, dabei muss der jeweilige Ballbesitzer wieder seine Verbform sagen. Sobald das klappt, setzen Sie auch noch den dritten Ball ein.

Nach einigen Wiederholungen können Sie ein neues Spiel mit anderen Verben starten.

Tipps

- Damit in der Aufwärmrunde mit einem Ball leichter erkennbar wird, wer den Ball bereits hatte, treten diese Schüler jeweils einen Schritt zurück.
- Durch die drei Bälle bekommt das Spiel ziemlich viel Tempo. Wenn Sie nur einen engen Klassenraum zur Verfügung haben, gehen Sie besser mit den Schülern nach draußen.

Ballontreiben

Thema: unregelmäßige Verbformen (Perfekt oder Imperfekt)

Wortfeld: Tätigkeiten

Klasse: 3. bis 13. Klasse

Niveaustufe: ab A2

Sozialform: alle zusammen

Bewegungsintensität: 🏃🏃🏃

Dauer: ca. 5 Minuten

Vorbereitung: Luftballon aufblasen

Material: 1 Luftballon

 So geht's

Die Gruppe steht im Kreis. Ein Luftballon wird vom ersten Spieler leicht mit dem Zeigefinger angestupst und so zu einem anderen Schüler geschickt. Bei jeder Berührung des Ballons muss ein beliebiges Verb in der vorgegebenen Form (z. B. Imperfektform oder Partizip Perfekt) genannt werden. Dabei muss die Gruppe gut kooperieren, damit der Ballon den Fußboden nicht berührt.

 Tipp

Bestimmen Sie einen Schüler, der die genannten Verben an der Tafel notiert. Dann können Sie nach dem Spiel noch einmal alle Formen mit Ihrer Lerngruppe durchgehen.

 Variante

Aus diesem Spiel können Sie auch einen Wettbewerb machen. Teilen Sie die Lerngruppe in zwei Teams auf, die beide parallel spielen (Sie benötigen also zwei Luftballons). Jedes Mal, wenn ein Ballon zu Boden fällt oder wenn ein Schüler den Ballon annimmt, bevor er das Verb in der entsprechenden Form nennen kann, bekommt die entsprechende Gruppe einen Minuspunkt, den der zuvor pro Team bestimmte Spielleiter als Strich an der Tafel festhält.
Die Gruppe, die am Ende der vorab festgelegten Zeit weniger Striche hat, gewinnt.

Ich kann, du kannst …

Thema: Hilfsverb „können", Sätze mit Verbklammer bilden

Wortfelder: Tätigkeiten, Alltagsgegenstände

Klasse: 3. bis 13. Klasse

Niveaustufe: ab A2

Sozialform: alle zusammen (max. 12 Lerner)

Bewegungsintensität:

Dauer: 10 bis 15 Minuten

Vorbereitung: –

Material: 1 einfarbiges Tuch

So geht's

Die Schüler sitzen in einem Stuhlkreis. Jeder hat einen persönlichen Gegenstand bei sich, z. B. einen Stift, einen Schal, ein Handy, Schmuck o. Ä. In der Kreismitte liegt ein Tuch auf dem Fußboden.
Der älteste Spieler fängt an. Er steht auf, legt seinen Gegenstand auf das Tuch und sagt, was er gut kann, z. B.: „Ich kann gut schwimmen." Dann ist derjenige, der rechts neben ihm sitzt, an der Reihe, legt seinen Gegenstand in die Mitte und wiederholt: „Du kannst gut schwimmen." Danach ergänzt er, was er selbst gut kann, z. B. „Ich kann gut kochen." So geht es immer weiter, bis jeder seinen Gegenstand abgelegt und dabei sowohl den Satz des Vorgängers in der Du-Form wiederholt als auch eine eigene Aussage gemacht hat.
Dann setzt die zweite Phase des Spiels ein: Diesmal fängt der jüngste Schüler an. Er hebt einen der Gegenstände hoch, nennt dessen Besitzer und wiederholt die Informationen, die er zu dem Mitschüler erhalten hat, z. B.: „Das ist das Handy von Emirhan. Er kann gut schwimmen." Danach ist Emirhan an der Reihe, nimmt einen anderen Gegenstand und sagt z. B.: „Das ist der Ring von Selina. Sie kann gut kochen."

⚠ Tipps

- Je nach Sprachstand der Schüler sollten Sie mit ihnen vorher eine Liste der persönlichen Gegenstände erarbeiten, die in das Spiel eingebracht werden. Somit ist sichergestellt, dass jeder alles benennen kann.
- Das Spiel wird zum Ende immer schwieriger, weil es weniger Wahlmöglichkeiten gibt. Deshalb sollten Sie den Mitschülern erlauben, zu helfen, wenn derjenige, der an der Reihe ist, nicht mehr weiß, welches Verb genannt werden soll oder wem der Gegenstand gehört. Als Erinnerungshilfe kann die Gruppe ihm auch pantomimische Tipps geben.

- Zur Vereinfachung bekommt jeder, der in der zweiten Spielphase benannt wurde, seinen Gegenstand zurück und legt ihn für alle sichtbar unter seinen Stuhl. So fällt die Zuordnung der verbleibenden Sachen leichter.

Variante

Dieses Spiel können Sie auch nach dem Prinzip des „Kofferpackens" spielen. Dabei entsteht eine immer länger werdende Wortkette, in der alle genannten Formen wiederholt werden müssen. Ein Beispiel: „Er kann gut schwimmen, sie kann gut kochen, sie kann gut Fahrrad fahren, du kannst gut malen, ich kann gut rechnen."

Der, die, das

Thema: Zuordnung von Artikeln zu Substantiven

Wortfeld: beliebig

Klasse: 3. bis 13. Klasse

Niveaustufe: ab A1

Sozialform: alle zusammen

Bewegungsintensität: 🏃🏃

Dauer: 5 bis 10 Minuten

Vorbereitung: geeignete Gegenstände oder Bildkarten auswählen

Material: mind. 1 Gegenstand (oder 1 Bildkarte) pro Schüler, beliebige Musik und Abspielmöglichkeit

So geht's

Jeder bekommt einen Gegenstand (bzw. eine Bildkarte). Die Schüler gehen im Inneren eines großzügigen Stuhlkreises zur Musik umher und tauschen die Gegenstände immer wieder miteinander. Wenn die Musik stoppt, nennen Sie einen Artikel (der, die oder das). Alle, die etwas in der Hand halten, was den genannten Artikel hat, setzen sich auf einen Stuhl. Dann benennt jeder von ihnen seinen Gegenstand. Gemeinsam wird überprüft, ob der Artikel richtig ist und ob noch jemand im Stuhlkreis fehlt. Wenn alle Schüler mit dem entsprechenden Artikel sitzen, beginnt die Musik wieder. Alle stehen auf und tauschen erneut ihre Gegenstände miteinander. So geht das Spiel weiter, wie oben beschrieben.

Tipps

- Damit die Aufgabe anspruchsvoll bleibt, können Sie pro Runde einige der Gegenstände austauschen.
- Sie können mit diesem Spiel gezielt ein bestimmtes Wortfeld, wie Kleidungsstücke oder Schulsachen, trainieren. Es eignet sich aber auch zur Wiederholung von (schwierigen) Vokabeln aus verschiedenen Themenbereichen.

Variante

Die Schüler laufen, wie oben beschrieben, im Raum umher. Auf dem Boden liegen drei Hula-Hoop-Reifen, jeweils mit der Beschriftung „der", „die" und „das". Sobald die Musik stoppt, muss jeder sich in den Reifen mit dem zu seinem Gegenstand passenden Artikel stellen. Dann benennt jeder seinen Gegenstand und die anderen entscheiden, ob er im richtigen Kreis steht. Wenn jemand beim falschen Artikel gelandet ist, muss er sich nachträglich richtig einordnen.

Ein Tier, viele Tiere

Thema: Konjugation des Verbs „sein", Pluralformen von Tieren

Wortfeld: Tiere

Klasse: 3. bis 6. Klasse

Niveaustufe: ab A1

Sozialform: alle zusammen

Bewegungsintensität:

Dauer: 5 bis 10 Minuten

Vorbereitung: –

Material: –

 So geht's

Alle stehen im Kreis. Tippen Sie einen Schüler an. Dieser ahmt ein Tier nach und sagt dazu „Ich bin ein/eine …". Darauf antworten die anderen: „Du bist ein/eine …". Nun machen alle die Bewegung nach und sagen dazu: „Wir sind alle …".
Hier ein konkretes Beispiel: Der Schüler sagt: „Ich bin ein Frosch."
Die anderen bestätigen: „Du bist ein Frosch", und wiederholen die Bewegung. Anschließend rufen sie: „Wir sind alle Frösche" und bewegen sich entsprechend.
Danach ist der nächste Spieler an der Reihe.

 Tipps

- Als Merkhilfe können Sie die bereits genannten Tiere an der Tafel festhalten, damit sie nicht doppelt vorkommen.
- Fragen Sie nach dem Spiel die Pluralformen der Tiere ab und ergänzen Sie diese an der Tafel.

 Variante

Anspruchsvoller wird das Spiel, wenn Sie passende Adjektive miteinbeziehen, also z. B.: „Ich bin ein großer/dicker/lauter Frosch."

Adjektiv-Pingpong

Thema: Steigerungsformen von Adjektiven

Wortfeld: Eigenschaften

Klasse: 3. bis 13. Klasse

Niveaustufe: ab A2

Sozialform: alle zusammen (max. 20 Lerner)

Bewegungsintensität:

Dauer: ca. 5 Minuten

Vorbereitung: –

Material: 1 kleiner Ball

 So geht's

Die Schüler stellen sich im Kreis auf. Beginnen Sie das Spiel, indem Sie ein beliebiges Adjektiv nennen, z. B. „gut". Dann werfen Sie den Ball zu einem Schüler. Dieser muss die Steigerungsform sagen – „besser" – und den Ball zu jemand anderem spielen. Nun wird der Superlativ gebildet – „am besten" – und der Ball zu einem weiteren Mitschüler geworfen. Der Fänger startet eine neue Runde, indem er ein anderes Adjektiv vorgibt.

 Tipps

- Zur Vorbereitung auf das Spiel können Sie mit den Schülern Adjektive sammeln und an die Tafel schreiben.
- Das Spiel eignet sich auch gut zum Training anderer Abfolgen, wie z. B. der Konjugation von Verben.

Mein rechter Platz ist „tierisch" frei

Thema: Akkusativ mit unbestimmtem Artikel und Adjektiv

Wortfelder: Tiere und dazu passende Eigenschaften

Klasse: 3. bis 6. Klasse

Niveaustufe: ab A1

Sozialform: alle zusammen (max. 12 Lerner)

Bewegungsintensität:

Dauer: ca. 5 Minuten

Vorbereitung: Tier-Bildkarten erstellen/auswählen

Material: Bildkarten mit verschiedenen Tieren in Klassenstärke

So geht's

Alle sitzen im Stuhlkreis. Es gibt allerdings einen Platz mehr, als Spieler im Kreis sitzen. Jeder Schüler erhält eine Bildkarte mit einem anderen Tier. Diese Karten werden so gehalten, dass alle sie sehen können.
Derjenige, neben dem der rechte Stuhl frei ist, beginnt. Er sagt den Standardsatz „Mein rechter, rechter Platz ist frei, ich wünsche mir … herbei" und ergänzt ein in der Runde vorhandenes Tier mit einer bestimmten Eigenschaft, z. B. „einen langsamen Löwen". Nun macht sich der Schüler, der die Bildkarte „Löwe" hat, auf den Weg. Er spielt pantomimisch einen Löwen, der sich gemäß dem genannten Adjektiv langsam zu dem freien Platz bewegt. Danach ist der nächste Spieler, neben dem der rechte Platz frei ist, an der Reihe. Auch er darf sich einen Mitschüler als Tier mit einer bestimmten Eigenschaft herbeiwünschen.

Tipps

- Vor dem Spiel können Sie gemeinsam an der Tafel Adjektive aufschreiben, die zu den Tieren passen und sich gut darstellen lassen, wie z. B. schwer, schnell, groß, nervös, müde.
- Ebenso können Sie als Hilfe für die Schüler vor dem Spiel verschiedene Tiere an der Tafel sammeln, um die Artikel zu festigen. Legen Sie dazu eine dreispaltige Tabelle an, die mit „der", „die", „das" überschrieben ist, und sortieren Sie die genannten Tiere passend ein.

Variante

Wenn Sie den Nominativ statt Akkusativ üben möchten, können Sie das Spiel folgendermaßen abwandeln: Derjenige, neben dem der rechte Platz frei ist, wünscht sich einen Mitschüler durch Namensnennung herbei, z. B. „Mein rechter, rechter Platz ist frei, ich wünsche mir Abdullah herbei." Abdullah muss dann fragen: „Als was soll ich kommen?" Der Spieler gibt ihm ein Tier sowie eine Eigenschaft vor, z. B.: „Komm als langsame Schnecke!" oder „Komm als stampfender Elefant!" (bei dieser Spielform benötigen Sie keine Bildkarten). Danach geht es weiter mit dem nächsten Spieler, neben dem der rechte Platz frei ist.

Berufe mit Akkusativ

Thema: Sätze mit Akkusativobjekt bilden

Wortfelder: Berufe und dazu passende Tätigkeiten

Klasse: 5. bis 13. Klasse

Niveaustufe: ab A2

Sozialform: alle zusammen (max. 12 Lerner)

Bewegungsintensität: 

Dauer: 5 bis 10 Minuten

Vorbereitung: evtl. Bild-/Wortkarten mit Berufen erstellen/auswählen

Material: evtl. Bild- oder Wortkarten mit Berufen in Klassenstärke

So geht's

Die Schüler stehen im Kreis. Der erste Spieler stellt einen Beruf dar. Diesen denkt er sich entweder selbst aus oder Sie geben ihm eine entsprechende Wort- oder Bildkarte. Zu dem Beruf macht der Schüler eine Pantomime, z. B. das Drehen eines Lenkrads. Dazu sagt er z. B.: „Ich bin ein Busfahrer und ich fahre einen …" Die anderen komplettieren den Satz mit dem fehlenden Wort, hier „Bus". Danach ist der nächste an der Reihe.
Bei jedem Beruf soll von der Lerngruppe eine passende Akkusativergänzung gefunden werden, die mit der Tätigkeit zu tun hat, z. B.:

- Bäcker → „… und ich backe ein Brot."
- Lehrer → „… und ich korrigiere einen Test."
- Arzt → „… und ich untersuche ein krankes Kind."
- Koch → „… und ich koche eine Suppe."

etc.

Tipp

In größeren Gruppen können Sie diese Übung nach dem Kugellager-Prinzip durchführen. Dazu stellen sich die Schüler in gleicher Anzahl in einem Innen- und Außenkreis auf, sodass jeder ein Gegenüber hat. Die Partner spielen sich abwechselnd, wie oben beschrieben, Berufspantomimen vor und ergänzen passende Akkusativobjekte. Nach einiger Zeit dreht sich der innere Kreis ein Stück nach rechts und der äußere Kreis ein Stück nach links, sodass jeder einen neuen Partner vor sich hat, mit dem weitergespielt wird.

Unterwegs nach ...

Thema: Orts- und Richtungsangaben im Dativ bzw. Akkusativ, Präpositionen

Wortfelder: Gebäude, Orte, Fortbewegung

Klasse: 3. bis 13. Klasse

Niveaustufe: ab A2

Sozialform: alle zusammen

Bewegungsintensität: 🏃🏃

Dauer: 5 bis 10 Minuten

Vorbereitung: Karten mit Ortsangaben beschriften

Material: 1 Karte mit Ortsangabe pro Spieler

So geht's

Die Schüler sitzen im Stuhlkreis. Jeder bekommt eine Karte mit einer Ortsangabe (z. B. Schule, Bahnhof, Café, mein Bruder, Krankenhaus, Park, Köln). Nun stellt sich ein Schüler in die Mitte und sein Stuhl wird entfernt, sodass es einen Platz weniger gibt als Mitspieler. Die sitzenden Schüler halten ihre Karten hoch, sodass jeder sie sehen kann. Der Spieler in der Mitte sagt mithilfe der auf den Karten vorgegebenen Orte einen Weg an, z. B.: „Ich fahre vom Bahnhof ins Krankenhaus" oder „Ich gehe von der Schule zu meinem Bruder." Die beiden Schüler, deren Ortsangaben genannt wurden, müssen miteinander die Plätze tauschen. Währenddessen versucht der Spieler aus der Mitte sich auf einen der beiden kurzfristig freien Stühle zu setzen. Derjenige, der keinen Platz mehr ergattert hat, kommt in die Mitte und sagt den nächsten Weg an.

Tipps

- Zur Vorbereitung des Spiels können Sie mit den Schülern thematisieren, wie sich Ortsangaben im Dativ bzw. Akkusativ verändern. Schreiben Sie dafür einige Beispiele an die Tafel, z. B.: „ich gehe in den Park" – „ich bin im Park"/„ich gehe in die Schule" – „ich bin in der Schule"/„ich gehe ins Schwimmbad" – „ich bin im Schwimmbad".
- Lebhafter wird es, wenn Sie alle Ortsangaben 2- oder 3-mal vergeben. Dann müssen jeweils alle, deren Ort genannt wurde, den Platz mit jemandem tauschen. Dadurch hat der Spieler in der Mitte mehr Chancen auf einen freien Stuhl. So lässt sich diese Aktivität auch gut mit großen Gruppen durchführen.

Flaschen-Domino

Thema: Deklination von Artikeln, Adjektiven und Substantiven

Wortfeld: beliebig

Klasse: 5. bis 13. Klasse

Niveaustufe: ab A2

Sozialform: alle zusammen (max. 12 Lerner)

Bewegungsintensität:

Dauer: 10 bis 15 Minuten

Vorbereitung: –

Material: 1 leere Flasche

So geht's

Alle Schüler sitzen so zusammen im Kreis, dass jeder die Tafel gut sehen kann. Die Flasche liegt in der Kreismitte auf dem Fußboden. Schreiben Sie ganz links an die Tafel eine erste Dominokarte, z. B.:

---	Ich habe eine

Setzen Sie dann die Flasche wie beim bekannten „Flaschendrehen" in Bewegung. Derjenige, auf den sie am Ende zeigt, zeichnet rechts neben Ihre Dominokarte eine neue: Im linken Feld muss er eine passende Formulierung zur danebenstehenden Karte ergänzen (bestehend aus Adjektiv und Substantiv). In das rechte Feld schreibt er einen neuen Satzanfang (bestehend aus Subjekt, Prädikat und Artikel), z. B.:

---	Ich habe eine	kleine Katze.	Mein Bruder möchte einen

Danach wird durch Flaschendrehen bestimmt, wer das Domino weiterführen soll.

Variation

Die Flasche legt fest, welcher Schüler als Schreiber an die Tafel muss. Was auf der folgenden Dominokarte stehen soll, wird von beliebigen Spielern aus der Gruppe formuliert. So läuft das Spiel zügiger ab.

Domino für alle

Thema: Deklination von Artikeln, Adjektiven und Substantiven

Wortfeld: beliebig

Klasse: 5. bis 13. Klasse

Niveaustufe: ab A1

Sozialform: alle zusammen (max. 12 Lerner)

Bewegungsintensität:

Dauer: 10 bis 15 Minuten

Vorbereitung: Dominokarten erstellen

Material: 3–4 Dominokarten pro Schüler

So geht's

Bereiten Sie Dominokarten vor und verteilen Sie diese an die Schüler. Jeder bekommt mehrere Karten. Auf diesen steht im linken Feld ein Adjektiv und ein Substantiv, im rechten ein Subjekt, ein Prädikat sowie ein Artikel, z. B.:

leckere Suppe.	Wir kaufen einen

Damit das Spiel bis zum Schluss anspruchsvoll bleibt, sollten Sie auch einige Karten austeilen, die nicht hineinpassen.
Schreiben Sie nun den Beginn des Dominos ganz links an die Tafel, z. B.:

---	Er trinkt einen

Wer glaubt, eine passende Karte zu haben, meldet sich und liest vor, was darauf steht. Wenn ein korrekter Satz entsteht, geht der Betreffende zur Tafel und zeichnet seine Dominokarte neben die Startkarte. Links schreibt er seine Ergänzung des Satzes. Rechts notiert er den Satzanfang, der auf seiner Dominokarte steht. Das ist die nächste Aufgabe, die komplettiert werden muss. Wieder suchen die Schüler nach einer passenden Lösungskarte.
Wenn jemand eine falsche Vermutung äußert, kann jemand anderes einen Vorschlag machen. Wer eine richtige Ergänzung hat, führt das Spiel an der Tafel weiter. Sollte niemand eine passende Karte haben, darf sich jemand etwas ausdenken.

Legediktat

Thema: Akkusativ und Dativ, Wechselpräpositionen, Imperativ

Wortfelder: Schulmaterialien, Klassenraum, Einrichtungsgegenstände

Klasse: 3. bis 13. Klasse

Niveaustufe: ab A2

Sozialform: alle zusammen (max. 12 Lerner)

Bewegungsintensität:

Dauer: ca. 5 Minuten

Vorbereitung: –

Material: ca. 20 Schulmaterialien (Stifte, Radiergummi etc.), 1 einfarbiges Tuch

So geht's

Alle sitzen im Stuhlkreis. Legen Sie die Schulmaterialien auf ein Tuch in der Kreismitte. Fordern Sie einen Schüler auf, einen bestimmten Gegenstand zu nehmen und irgendwo im Raum hinzulegen, z. B.: „Luisa, nimm bitte den Anspitzer und lege ihn auf die Fensterbank." Luisa erledigt den Arbeitsauftrag und sagt dazu, was sie macht: „Ich lege den Anspitzer auf die Fensterbank." Danach setzt sie sich wieder in den Kreis und formuliert eine neue Anweisung für einen Mitschüler. So geht es weiter, bis jeder Schüler mindestens einmal an der Reihe war.

Tipps

- Legen Sie mehrere gleiche Dinge in verschiedenen Farben oder Größen in die Mitte. Dann üben Sie in den Aufforderungen auch noch die Adjektivdeklination, z. B. „Nimm bitte den blauen Stift/das große Lineal …"
- Wenn jeder einen Gegenstand platziert hat, können Sie die Schüler zur Festigung fragen, wo sich die Gegenstände jetzt befinden („Der Anspitzer liegt auf der Fensterbank" etc.).

Variation

Nutzen Sie für das Spiel Gegenstände aus dem Wortfeld, das Sie gerade trainieren wollen. Statt Schulsachen könnten Sie bspw. Küchengeräte oder Kosmetikartikel verwenden.

Flohmarktspiel

Thema: Kausalsätze bilden, Akkusativ

Wortfeld: Alltagsgegenstände

Klasse: 3. bis 13. Klasse

Niveaustufe: ab A2

Sozialform: alle zusammen (max. 12 Lerner)

Bewegungsintensität:

Dauer: 5 bis 10 Minuten

Vorbereitung: Gegenstände auslegen und mit einem Tuch abdecken

Material: 1 großes Tuch, diverse Alltagsgegenstände

So geht's

Die Schüler sitzen oder stehen im Kreis, in der Mitte liegen unter einem Tuch versteckt verschiedene Gegenstände, z. B. Kleidungsstücke, Schmuck, Spielzeug, Geschirr, Schulsachen etc. Es sollten mehr Dinge sein, als es Lerner in der Lerngruppe gibt. Bei Spielbeginn heben Sie das Tuch hoch. Jeder wählt im Kopf einen Gegenstand aus, der ihm gefällt, und überlegt sich eine passende Begründung, warum er ihn haben möchte. Bestimmen Sie dann einen Spieler, der beginnt. Er steht auf, nimmt seinen favorisierten Gegenstand aus der Mitte und formuliert seine Begründung nach folgendem Schema: „Ich nehme ..., weil ...". Anschließend legt er den Gegenstand wieder zurück in die Mitte. Danach ist der Nächste an der Reihe.

Tipp

Zur Vorbereitung des Spiels können Sie mit den Schülern mögliche Begründungen sammeln, wie z. B. „weil ich ... schön finde", „weil ich schon immer ein ... haben wollte", „weil ich ... gern mag", „weil mein Freund auch ein ... hat."

Variante

Alle überlegen sich, was sie welchem Mitschüler geben (bzw. schenken) würden, und denken sich eine Begründung dazu aus. Dann steht der Startspieler auf, nimmt seinen ausgewählten Gegenstand und sagt: „Ich schenke ... diese/diesen/dieses ..., weil er/sie ..." und überreicht das „Geschenk". Achtung: Bei dieser Spielvariante verringert sich die Zahl der Dinge im Kreis. Deshalb kann es sein, dass sich jemand spontan etwas Neues überlegen muss, wenn ein anderer bereits seinen ausgewählten Gegenstand weggenommen hat.

Satzball

Thema: Sätze mit Akkusativ- und/ oder Dativobjekten bilden, Satzbau (Verbklammer)

Wortfeld: beliebig

Klasse: 3. bis 13. Klasse

Niveaustufe: ab A2

Sozialform: alle zusammen (max. 20 Lerner)

Bewegungsintensität: 

Dauer: 5 bis 10 Minuten

Vorbereitung: –

Material: 1 kleiner Ball

So geht's

Alle stehen im Kreis. Ein bestimmtes Satzmuster wird vorgegeben und an die Tafel geschrieben, z. B.: Subjekt – Prädikat 1 – Objekt – Prädikat 2. Formulieren Sie zur Verdeutlichung ein Beispiel, z. B. „Er hat ein Eis gekauft."
Der Startspieler bekommt den Ball und nennt ein Subjekt. Dann wirft er ihn zu einem Mitschüler, der den ersten Teil eines Prädikats ergänzt. Danach spielt dieser den Ball zum nächsten, der ein Objekt hinzufügen muss. Er wirft den Ball weiter an jemanden, der den Satz mit dem zweiten Teil des Prädikats abschließt. Das könnte z. B. so aussehen:

- Ich – habe – einen Apfel – gegessen.
- Wir – wollen – in der Schule – kochen.
- Er – ist – ins Schwimmbad – gegangen.

Wer einen Satz beendet hat, darf mit einem neuen Subjekt den nächsten Anfang machen.

Tipps

- Das Spiel ist für jedes Satzmuster (z. B. Inversion, Verbklammer, Nebensätze) geeignet. Bevor es losgeht, sollten Sie in jedem Fall an der Tafel einige Beispielsätze notieren, an denen sich die Schüler orientieren können.
- Zur Sicherung des Gelernten bitten Sie einen Schüler, an der Tafel mitzuschreiben. Dabei sollten die gleichen Satzglieder jeweils genau untereinander geschrieben werden. Nach dem Spiel können Sie mit der Klasse noch einmal die Satzbauregeln thematisieren und gleiche Satzglieder farblich einheitlich kennzeichnen.

Satzkarussell

Thema: Satzbau

Wortfeld: beliebig

Klasse: 3. bis 13. Klasse

Niveaustufe: ab A2

Sozialform: alle zusammen (gerade Anzahl von Lernern)

Bewegungsintensität:

Dauer: 10 bis 15 Minuten

Vorbereitung: Bildkarten erstellen/auswählen

Material: 1 Bildkarte pro Schüler, 1 Gong

So geht's

Nach dem Kugellager-Prinzip wird ein Außen- und ein Innenkreis mit gleicher Schülerzahl gebildet, sodass sich jeweils zwei Schüler gegenübersitzen. Jeder erhält eine andere Bildkarte. Die sich Gegenübersitzenden formulieren miteinander so viele Sätze wie möglich, in denen ihre beiden Wörter vorkommen. Jeder schreibt die gefundenen Sätze mit.
Nach 1 Minute geben Sie mit dem Gong ein Signal und die Paare tauschen ihre Karten miteinander. Dann rücken alle Schüler im Innenkreis einen Platz im Uhrzeigersinn weiter und die Schüler im Außenkreis wandern einen Platz gegen den Uhrzeigersinn. Die so neu gebildeten Paare formulieren wieder Sätze mit den auf den Bildkarten dargestellten Wörtern.
Spielen Sie mindestens drei Durchgänge. Fordern Sie anschließend einige Spieler auf, ihre Sätze im Plenum vorzulesen.

Relativer Obstsalat

Thema: Relativsätze bilden

Wortfelder: Freizeitaktivitäten, Familie, persönliche Vorlieben

Klasse: 3. bis 13. Klasse

Niveaustufe: ab A1 (als Chunk), ab B1 (Bildung von Relativsätzen)

Sozialform: alle zusammen

Bewegungsintensität:

Dauer: 5 bis 10 Minuten

Vorbereitung: –

Material: –

So geht's

Die Schüler bilden einen Stuhlkreis. Dabei gibt es allerdings einen Platz weniger, als Lerner in der Gruppe sind. Der übriggebliebene Spieler steht in der Mitte des Kreises. Er formuliert einen Satz nach dem folgenden Muster: „Alle, die ..., tauschen ihre Plätze." Hier einige Beispiele:

- Alle, die gern schwimmen, ...
- Alle, die ein Haustier haben, ...
- Alle, die gern Pommes essen, ...
- Alle, die ein Musikinstrument spielen, ...

Sobald der Spieler seinen Satz formuliert hat, müssen alle, auf die er zutrifft, nach dem Spielprinzip von „Obstsalat" so schnell wie möglich die Plätze wechseln. Dabei versucht der in der Mitte stehende Schüler, einen Platz zu ergattern. Derjenige, der am Ende keinen Platz mehr findet, muss nun in der Mitte bleiben und darf die nächste Aufgabe nennen.

Tipp

Schreiben Sie den Satz „Alle, die ..., tauschen ihre Plätze" als Merkhilfe an die Tafel.

Mein rechter Platz ist „relativ" frei

Thema: Relativsätze bilden

Wortfelder: Freizeitaktivitäten, Familie, Gewohnheiten

Klasse: 3. bis 8. Klasse

Niveaustufe: ab A1 (als Chunk), ab B1 (Bildung von Relativsätzen)

Sozialform: alle zusammen

Bewegungsintensität:

Dauer: 5 bis 10 Minuten

Vorbereitung: –

Material: –

So geht's

Alle Schüler sitzen im Kreis. Es gibt allerdings einen zusätzlichen, leeren Stuhl in der Runde. Derjenige, neben dem der rechte Platz frei ist, beginnt mit dem Spiel: „Mein rechter, rechter Platz ist frei und ich wünsche mir jemanden, der … herbei!" Dieses Satzmuster muss mit einem passenden Inhalt gefüllt werden, z. B.:

- …, der ein Musikinstrument spielt, …
- …, der ein Haustier hat, …
- …, der zwei Brüder hat, …

Alle, auf die das zutrifft, rennen los, um den freien Sitzplatz als Erstes zu erreichen. Derjenige, der zuerst dort ist, setzt sich hin, die anderen gehen zu ihren Stühlen zurück. Danach ist der nächste Spieler, neben dem der rechte Platz frei ist, mit einem Wunsch an der Reihe.

Hatschipatschi – Quatschantworten

Thema: Fragen formulieren und beantworten

Wortfelder: über sich sprechen (Freizeitaktivitäten, Vorlieben etc.)

Klasse: 3. bis 13. Klasse

Niveaustufe: ab A2

Sozialform: alle zusammen

Bewegungsintensität: 🏃🏃

Dauer: 10 bis 15 Minuten

Vorbereitung: –

Material: –

So geht's

Alle sitzen im Kreis. Es gibt einen Stuhl weniger als Schüler. Ein Spieler wird als Detektiv nach draußen geschickt. Er soll herausfinden, wer „Hatschipatschi" ist. Dazu muss er seinen Mitschülern eine bestimmte Frage stellen, z. B.: „Wie alt bist du?" oder „Was isst du gern?"
Die Schüler im Klassenraum wählen einen „Hatschipatschi" aus. Dieser muss auf die gestellte Frage mit einer Quatschantwort reagieren, z. B.: „Ich bin eine Million Jahre alt" oder „Ich esse gerne Teller und Messer." Alle anderen antworten auf die Frage realistisch, nennen also z. B. ihr wahres Alter oder ein Lebensmittel, das sie tatsächlich gern mögen.
Nun wird der Detektiv hereingerufen. Er stellt beliebigen Mitschülern die vorher festgelegte Frage. Um den Redeanteil der Schüler zu erhöhen, können alle diese Frage mitsprechen. Der vom Detektiv Angesprochene antwortet je nach seiner Rolle. Sollte er „Hatschipatschi" sein und eine Quatschantwort geben, müssen alle ihre Plätze tauschen. Der Detektiv versucht, auch einen Sitzplatz zu ergattern. Derjenige, der keinen freien Stuhl mehr bekommen hat, ist der nächste Ermittler. Er verlässt für eine neue Spielrunde die Klasse und befragt die Gruppe (die einen neuen Hatschipatschi wählt) anschließend zu einem anderen Thema.

⚠ Tipps

- In größeren Gruppen sollten unbedingt mehrere „Hatschipatschis" bestimmt werden, damit schneller eine neue Spielrunde mit einer anderen Frage startet.
- In leistungsstarken Gruppen dürfen sich die „Hatschipatschis" ihre Antworten spontan ausdenken, bei schwächeren werden sie gemeinsam überlegt und eingeübt, bevor der Detektiv wieder reingerufen wird.

Fang den Ball

Thema: Abfrage beliebiger Grammatikinhalte

Wortfelder: beliebig

Klasse: 5. bis 13. Klasse

Niveaustufe: ab A1

Sozialform: alle zusammen

Bewegungsintensität:

Dauer: 5 bis 10 Minuten

Vorbereitung: –

Material: –

So geht's

Alle stehen in einem großen Kreis, in dessen Mitte sich ein Spieler befindet. Dieser ruft einen Mitschüler auf und stellt ihm eine Frage, z. B.:

- „Wie heißt der Plural von ‚Apfel'?"
- „Wie heißt die Imperfektform von ‚laufen'?"
- „Wie heißen die Steigerungsformen von ‚gut'?"

Dann wirft er den Ball hoch in die Luft. Der genannte Mitschüler rennt in die Kreismitte und versucht den Ball zu fangen, bevor er auf den Boden fällt. Wenn er das geschafft hat, darf er die Frage beantworten. Bei einer richtigen Antwort setzt sich der Schüler wieder auf seinen Platz und der Startspieler muss in der Mitte bleiben. Falls die Antwort falsch war oder der Ball nicht gefangen wurde, muss der betreffende Spieler in die Kreismitte gehen und die nächste Aufgabe stellen.

Tipps

- Sie können das Spiel auf ein bestimmtes Grammatikthema beschränken oder auch freistellen, nach welchen bereits behandelten Themenbereichen gefragt werden soll.
- Wenn Sie bestimmte Inhalte üben möchten, können Sie auch Fragen- bzw. Aufgabenkarten für die Schüler vorbereiten.

DaZ lernen mit Bewegung

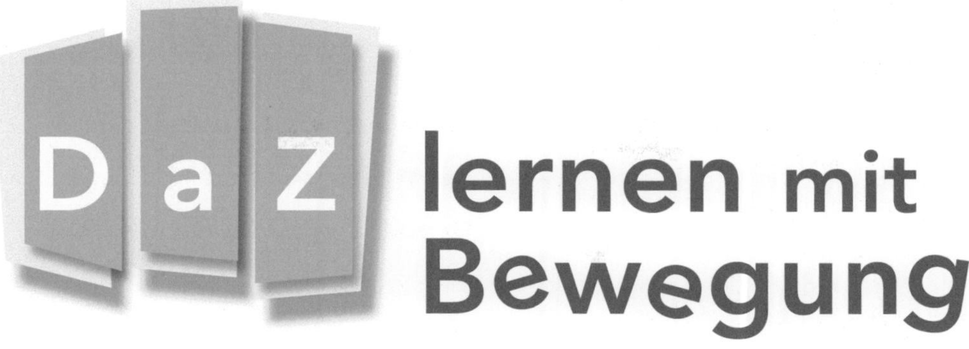

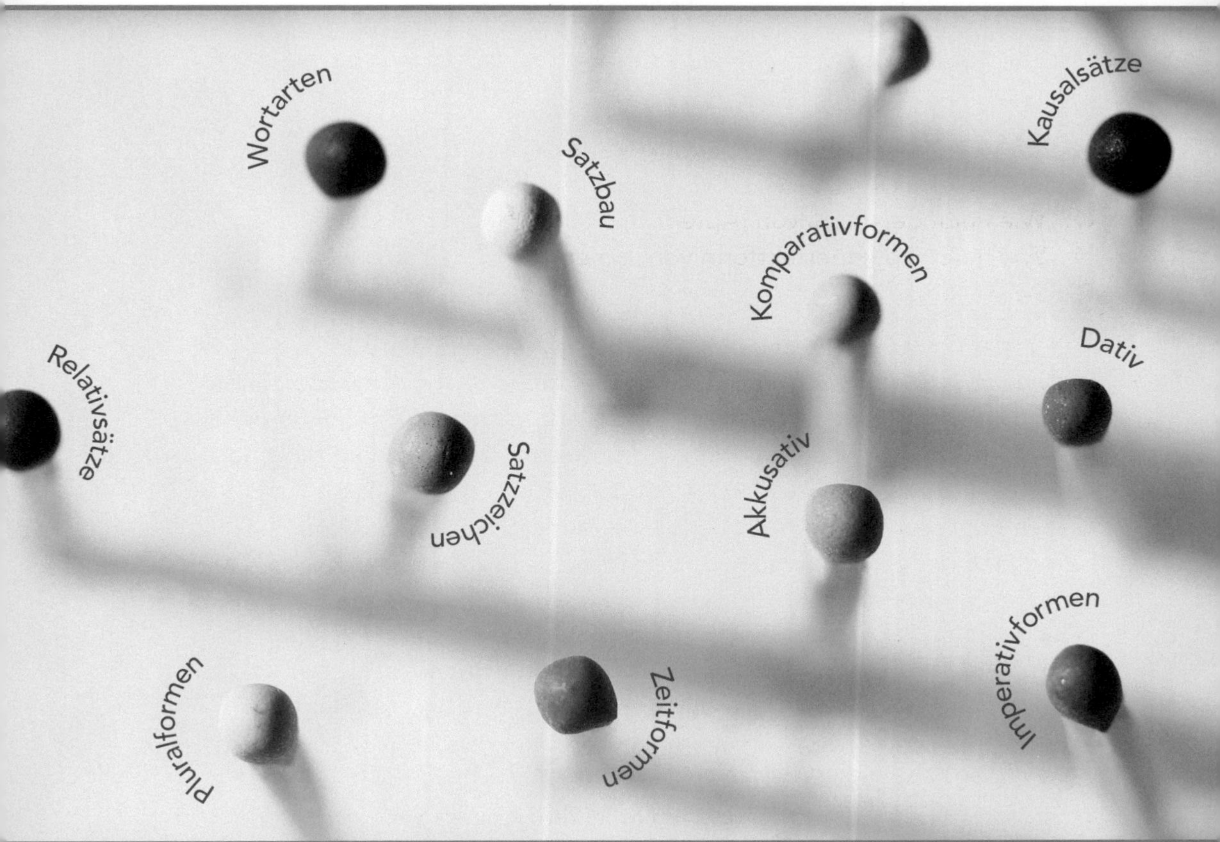
Wortarten
Satzbau
Kausalsätze
Komparativformen
Dativ
Relativsätze
Satzzeichen
Akkusativ
Imperativformen
Pluralformen
Zeitformen

Staffelspiele

Wortarten-Staffel

Thema: Wortarten erkennen

Wortfeld: beliebig

Klasse: 3. bis 6. Klasse

Niveaustufe: ab A1

Sozialform: in Gruppen gegeneinander

Bewegungsintensität:

Dauer: 5 bis 10 Minuten

Vorbereitung: Wortkarten erstellen, Startlinie mit Klebezetteln markieren

Material: mind. 15 Wortkarten pro Gruppe, ca. 10 Klebezettel

So geht's

Teilen Sie die Lerngruppe in so viele Teams ein, wie Sie Wortarten üben wollen, z. B.: Substantive – Verben – Adjektive. Bereiten Sie zu jeder Wortart mindestens 15 Kärtchen mit je einem Wort aus einem bereits bekannten Themengebiet vor. Verteilen Sie diese Kärtchen mit der Schrift nach unten in einer Hälfte des Raums.
Alle Schüler stehen in der anderen Hälfte des Klassenzimmers. Die Gruppen stellen sich in drei Reihen hintereinander auf, die alle von derselben, mit Klebezetteln markierten Startlinie loslaufen. Jede Mannschaft hat die Aufgabe, Karten einer bestimmten Wortart einzusammeln. Das Team „Verben" holt nur Verben, die Gruppe „Adjektive" nur Adjektive usw.
Auf ein Startsignal von Ihnen läuft der jeweils erste Spieler los und deckt so lange Kärtchen auf, bis er eine Karte der von seiner Gruppe gesuchten Wortart gefunden hat. Alle nicht infrage kommenden Karten dreht er wieder um. Sobald er fündig geworden ist, läuft er so schnell wie möglich zu seiner Gruppe zurück und schlägt den nächsten Läufer ab. Dieser rennt los und sucht wiederum nach einem weiteren Wort seiner Wortart. Sieger ist die Mannschaft, die zuerst alle ihre Karten gefunden hat.

Tipps

- Lassen Sie die leistungsschwächsten Schüler nach den Substantiven suchen. Diese sind durch ihre Großschreibung leicht von den anderen Wortarten zu unterscheiden.
- Dieses Spiel eignet sich auch gut zum Training verschiedener Wortfelder. Bilden Sie z. B. Gruppen zu „Kleidung", „Möbeln" und „Schulsachen".

Variante

Sie können das Spiel auch ohne Wortkarten durchführen. Teilen Sie jeder Gruppe eine Wortart zu. Die Schüler sollen nun im oben beschriebenen Staffelprinzip ausschließlich Begriffe zu ihrer Wortart an die Tafel schreiben. Dazu bekommen die Startspieler aller Teams ein Stück Kreide in die Hand. Auf Ihr Signal hin rennen sie los, um ihren ersten Begriff an die Tafel zu schreiben, danach laufen sie zurück zu ihrer Mannschaft und schlagen den nächsten ab usw. Die Schüler dürfen beliebige Wörter ihrer Wortart notieren. Sieger ist, wer nach einer zuvor festgelegten Zeit die meisten passenden und korrekt geschriebenen Begriffe gefunden hat.

Präteritum-Staffel

Thema: Präteritumformen (unregelmäßige Verben)

Wortfeld: Tätigkeiten

Klasse: 3. bis 13. Klasse

Niveaustufe: ab B1

Sozialform: in Gruppen gegeneinander (max. 16 Lerner)

Bewegungsintensität:

Dauer: 10 bis 15 Minuten

Vorbereitung: Buchstabenkarten erstellen

Material: 1 Satz à 34 Buchstabenkarten (Alphabet-Satz plus A, E, I, N, O, R, S, U) pro Gruppe

So geht's

Stellen Sie möglichst weit von der Tafel entfernt eine Reihe Tische auf. Bilden Sie Kleingruppen. Jedes Team steht an einem Tisch, auf dem ein Buchstabenkartenset liegt. Die Karten sollten vor Spielbeginn von den Schülern alphabetisch sortiert und offen nebeneinander ausgelegt werden. Danach gehen alle Gruppen zur Tafel und stellen sich dort in Reihen hintereinander auf. Nennen Sie den Infinitiv eines unregelmäßigen Verbs. Die Teams haben nun die Aufgabe, aus den bereitliegenden Buchstaben die Präteritumform dieses Verbs zu bilden. Dazu rennen die ersten Spieler jeder Mannschaft zu ihrem Tisch und holen den ersten Buchstaben. Wenn sie wieder bei ihrer Gruppe angekommen sind, stellen sie sich hinten an und halten ihren Buchstaben hoch. Der nächste Spieler läuft los, um den folgenden Buchstaben zu beschaffen. Die Gruppe, die zuerst das komplette Wort in korrekter Rechtschreibung zeigt, bekommt einen Punkt. Alle Buchstabenkarten werden zurück zu den Tischen gebracht, bevor Sie den nächsten Infinitiv nennen.

Tipp

Stellen Sie vor dem Spiel sicher, dass die für die ausgewählten Verben nötigen Buchstaben vorhanden sind.

Varianten

- Sie können nach dieser Spielidee auch eine Tafel-Staffel durchführen, dann benötigen Sie keine Buchstabenkarten. Dazu stehen alle Kleingruppen gleich weit von der Tafel entfernt. Der jeweils erste Spieler eines Teams läuft nach vorn und schreibt den ersten Buchstaben der gesuchten Verbform an. Danach rennt er zurück zu seiner Mannschaft, reicht die Kreide an den Nächsten weiter, der den folgenden Buchstaben notiert. Die Gruppe, die zuerst die komplette Verbform richtig gebildet hat, bekommt einen Punkt.
- Nach dem Prinzip der Präteritum-Staffel können Sie auch andere Verbformen, z. B. das Präsens, üben, indem Sie einen Infinitiv und ein Personalpronomen vorgeben, z. B.: gehen – du. Die Schüler müssen die Buchstaben für „GEHST" hochhalten.
- Auch Pluralformen können so trainiert werden. Zeigen Sie den Spielern dazu eine Bildkarte mit einem Substantiv. Sie sollen mithilfe der Buchstabenkarten den Plural bilden.

Tafel-Staffel

Thema: Verben in beliebigen Zeitstufen konjugieren

Wortfeld: Tätigkeiten

Klasse: 3. bis 8. Klasse

Niveaustufe: ab A2

Sozialform: in Gruppen gegeneinander (max. 18 Lerner)

Bewegungsintensität:

Dauer: 10 bis 15 Minuten

Vorbereitung: für jede Gruppe einen Bereich an der Tafel markieren

Material: –

So geht's

Die Schüler werden in Kleingruppen eingeteilt. Jedes Team sollte aus maximal sechs Lernern bestehen. Die Mannschaften stehen so in Reihen hintereinander, dass alle Startspieler den gleichen, möglichst weiten Abstand zur Tafel haben. Die Tafel ist in so viele Bereiche aufgeteilt, wie es Gruppen gibt. Die Startspieler bekommen jeweils ein Stück Kreide.
Nennen Sie ein Verb, das von den Schülern an der Tafel in der vorgegebenen Zeitform konjugiert werden soll. Die Startspieler laufen nach vorn und schreiben jeweils die 1. Person Singular (ich ...) des Verbs an. Danach rennen sie zurück zu ihrer Gruppe und geben die Kreide an den nächsten Schüler weiter. Dieser läuft ebenfalls zur Tafel, um die 2. Person Singular anzuschreiben usw. So geht es weiter, bis die erste Mannschaft fertig ist. Wenn alle Formen korrekt sind, bekommt dieses Team einen Punkt. Nach dem Tafelputzen geht es weiter mit dem nächsten Verb.

Tipp

Sollte im Klassenraum nicht genügend Platz zum Laufen sein, können Sie das Spiel auch auf dem Schulhof durchführen. Lassen Sie die Schüler dort die Verbformen mit Straßenkreide auf den Boden schreiben.

Wäscheleinen-Staffel

Thema: Pluralformen von Substantiven

Wortfeld: beliebig

Klasse: 3. bis 6. Klasse

Niveaustufe: ab A2

Sozialform: in Gruppen gegeneinander (max. 10 Lerner)

Bewegungsintensität: 🏃🏃

Dauer: 5 bis 10 Minuten

Vorbereitung: Wäscheleine spannen, Bildkarten erstellen/auswählen und bereitlegen, Startlinie mit einem Seil markieren

Material: 1 Wäscheleine, viele Bildkarten mit Substantiven, doppelt so viele Wäscheklammern (in 2 verschiedenen Farben), 1 Seil, 1 Gong

So geht's

Spannen Sie eine Wäscheleine von einer Seite des Klassenraums zur anderen. An der Leine hängen doppelt so viele Wäscheklammern, wie Sie Bildkarten haben (z. B. eine Hälfte blau und die andere rot).
Legen Sie die Karten mit der Abbildung nach oben auf dem Boden unter der Leine aus. Es sollte sich dabei um Substantive handeln, die unterschiedliche Pluralformen bilden: -s (z. B. Auto**s**), -en (z. B. Farb**en**), -er (z. B. Büch**er**) etc. Platzieren Sie auf den Boden in möglichst großem Abstand zur Wäscheleine parallel ein Seil als Startlinie.
Die Schüler werden in zwei Gruppen mit maximal fünf Lernern aufgeteilt. Weisen Sie jedem Team eine Wäscheklammerfarbe zu und geben Sie dann eine beliebige Pluralendung vor, z. B. -en (von den dazu passenden Substantiven sollte die größte Anzahl von Bildkarten vorhanden sein). Die Schüler haben nun die Aufgabe, aus den bereitliegenden Bildkarten diejenigen herauszusuchen, die ihren Plural mit genau dieser Endung bilden.
Zu Beginn stehen alle Startspieler der Teams nebeneinander an der Startlinie. Bei Spielbeginn läuft der jeweils erste Schüler jeder Mannschaft zur Leine und sucht eine passende Bildkarte aus, die er mit einer Wäscheklammer in der Farbe seines Teams aufhängt. Dann rennt er zurück zu seiner Gruppe und schlägt den nächsten Spieler ab. Dieser läuft los und befestigt ebenfalls ein zur vorgegebenen Pluralendung passendes Bild an der Leine. Das geht so lange weiter, bis Sie mit einem Gong das Spielende signalisieren. Es folgt die Auswertung. Jede richtig aufgehängte Karte ergibt einen Punkt.

Tipps

- Die Anzahl der Gruppen bzw. Schüler pro Team hängt von der Gesamtgröße der Lerngruppe ab.
- Idealerweise haben Sie so viel Platz im Raum, dass Sie zwei oder sogar drei Wäscheleinen spannen können. Dann könnten Sie das Spiel auch mit einer größeren Schülerzahl spielen.
- Sollten Sie keine verschiedenfarbigen Wäscheklammern zur Hand haben, müssen Sie darauf achten, dass die Schüler innerhalb eines Teams ihre Bildkarten möglichst dicht beieinander aufhängen, damit bei der Auswertung auf einen Blick deutlich ist, welche Karte zu welcher Mannschaft gehört.

Varianten

- Statt mit Wäscheklammern und Wäscheleinen lässt sich dieses Spiel auch mit Magneten spielen, mit denen die Schüler die Bildkarten an der Tafel befestigen.
- Sie können das Wäscheleinenspiel auch anders durchführen: Es gibt zwei Teams, die ein identisches Set von Bildkarten (oder Kleidungsstücken) sowie entsprechend viele Wäscheklammern bekommen. Die Mannschaften stehen mit einigem Abstand gleich weit von der Wäscheleine entfernt. Geben Sie den ersten Auftrag, z. B.: „Hängt die grüne Jacke an die Wäscheleine." Die beiden ersten Spieler der Teams suchen die entsprechende Bildkarte (oder den Gegenstand) heraus, laufen zur Leine, hängen ihn auf und rennen wieder zurück. Derjenige, der zuerst wieder seine Gruppe erreicht hat, erzielt einen Punkt. Danach nennen Sie den Auftrag für die beiden nächsten Spieler.

Bildkarten-Staffel

Thema: Pluralformen von Substantiven

Wortfeld: beliebig

Klasse: 3. bis 13. Klasse

Niveaustufe: ab A2

Sozialform: in Gruppen gegeneinander (max. 20 Lerner)

Bewegungsintensität:

Dauer: 5 bis 10 Minuten

Vorbereitung: Bildkarten an eine Leine hängen, Startlinie mit Klebezetteln markieren

Material: 1 Wäscheleine, 20–30 Wäscheklammern, 20–30 Bildkarten aus einem Themengebiet, ca. 10 Klebezettel

So geht's

Hängen Sie 20 bis 30 Bildkarten (z. B. von Lebensmitteln) mit Wäscheklammern nebeneinander an eine Leine. Achten Sie darauf, dass die Bilder nicht alphabetisch oder sonst wie geordnet sind. Bitten Sie zwei Schüler, jeweils ein Ende der Leine festzuhalten und sie straff zwischen sich zu spannen.
Teilen Sie Ihre Lerngruppe in zwei Hälften auf. Beide Teams haben nacheinander 1 Minute Zeit, sich die Bilder an der Leine anzuschauen. Sie sollen sich einprägen, was wo hängt.
Danach stellen sich beide Mannschaften in einigem Abstand zu der Leine in zwei Reihen hintereinander an einer mit Klebezetteln markierten Startlinie auf. Die Schüler mit der Wäscheleine drehen sich so um, dass die anderen die Bilder nicht mehr erkennen können.
Fangen Sie an, eine Geschichte zu erzählen. Darin kommen Wörter vor, die sich als Bildkarte an der Leine befinden. Wenn eines der Wörter im Singular genannt wird, passiert nichts. Aber wenn Sie einen der vorkommenden Begriffe im Plural benutzen, müssen die beiden Startspieler loslaufen, die passende Bildkarte von der Wäscheleine nehmen, sie hochhalten und wieder an der Leine befestigen. Dabei dürfen ihnen die Gruppen Tipps zurufen, an welcher Stelle der Leine sich das gesuchte Bild befindet. Das Team, das zuerst die richtige Karte gefunden hat, bekommt einen Punkt. Danach wird die Geschichte weitererzählt. Wenn der nächste Begriff fällt, laufen die folgenden Spieler los.

Tipp

Sie können ein Wort mehrmals in der Geschichte vorkommen lassen. Deshalb sollten die Bilder nicht während des Spiels von der Leine entfernt werden.

Variante

Einfacher ist das Spiel, wenn Sie keine Geschichte erzählen, sondern lediglich Begriffe vorgeben, zu denen die passende Bildkarte gefunden werden muss, also z. B. „Findet die Bananen!“, „Findet die Brötchen!“, „Findet das Würstchen!“.

Monster-Staffel

Thema: Akkusativ, Präpositionen, Plural von Substantiven, Komparativformen

Wortfeld: Körperteile

Klasse: 3. bis 8. Klasse

Niveaustufe: ab A2

Sozialform: in Gruppen gegeneinander (max. 10 Lerner)

Bewegungsintensität:

Dauer: 5 bis 10 Minuten

Vorbereitung: –

Material: –

So geht's

Teilen Sie die Schüler in zwei Gruppen auf. Die beiden Teams stehen in Reihen links und rechts hinter den beweglichen Teilen der Tafel, sodass sie sich gegenseitig nicht sehen können. Jede Gruppe soll anhand Ihrer Anweisungen ein Monster malen.
Die Startspieler gehen jeweils zur Tafel und zeichnen den ersten Hinweis. Danach kehren sie zu ihrer Mannschaft zurück. Der folgende Schüler malt den nächsten Bestandteil des Monsters usw. – hier einige Vorschläge, welche Malanweisungen Sie geben könnten:

- Male einen großen Kreis in die Mitte der Tafel. Das ist der Körper unseres Monsters.
- Male als Kopf einen kleinen Kreis direkt über den großen.
- Das Monster hat drei Augen.
- Das Monster hat fünf Ohren.
- Das Monster hat vier Arme mit jeweils zwei Händen.
- Das Monster hat einen langen, gezackten Schwanz.

Lassen Sie jeden Schüler mindestens 2-mal malen. Danach werden die beiden Tafelseiten umgeklappt, sodass die Monster nebeneinander zu sehen sind. Die Schüler vergleichen nun die Bilder miteinander. Bei den Beschreibungen können auch Komparativformen, wie „größer" oder „dicker", benutzt werden (z. B.: „Der Kopf unseres Monsters ist größer als der Kopf des anderen Monsters").

⚠ Tipps

- Bei größeren Lerngruppen können Sie mehrere Teams bilden, die an Plakaten in verschiedenen Bereichen des Klassenraums arbeiten. Abschließend werden alle Bilder nebeneinandergehängt und gemeinsam beschrieben.
- Wenn Sie einheitlichere Bilder erhalten wollen, zeichnen Sie auf beiden Tafelseiten die grobe Körperform des Monsters vor, z. B. einen kleinen Kreis für den Kopf und einen großen für den Körper. Lassen Sie die Schüler dann lediglich die Arme, Beine, Augen, Schwänze etc. ergänzen.

Blinden-Staffel

Thema: Wegbeschreibungen, Richtungsanweisungen mit Akkusativ geben, Imperativformen

Wortfelder: Richtungsangaben, Verben der Bewegung

Klasse: 3. bis 13. Klasse

Niveaustufe: ab A2

Sozialform: in Gruppen gegeneinander (max. 24 Lerner)

Bewegungsintensität: 🏃🏃🏃

Dauer: ca. 10 Minuten

Vorbereitung: –

Material: 4 Tücher zum Augenverbinden (oder Schlafmasken), 1 Hula-Hoop-Reifen, diverse kleine Gegenstände

So geht's

Die Klasse wird in vier Kleingruppen mit maximal sechs Schülern aufgeteilt. Sie stehen jeweils in einer Ecke des Raumes. Jedes Team hat gleich viele Gegenstände, z. B. Stift, Lippenstift, Münze, Socke, Taschentuch, Kreide, Schlüssel … Es sollten mindestens so viele Dinge sein, wie es Spieler in einer Mannschaft gibt. In der Raummitte, gleich weit von allen Teams entfernt, befindet sich ein Hula-Hoop-Reifen. Dort sollen alle ihre Gegenstände hinbringen.
Den Startspielern jeder Gruppe werden die Augen verbunden. Sie müssen blind einen Gegenstand in dem Reifen ablegen. Dabei helfen ihnen die Mitglieder ihrer Mannschaft. Sie dirigieren den Blinden durch Zurufe, sodass er es schafft, den Gegenstand zu platzieren. Danach müssen sie ihm den Weg vom Reifen zurück zum Team erklären. Dort angekommen, nimmt er die Augenbinde ab und verbindet dem nächsten die Augen. Dieser bekommt ebenfalls einen Gegenstand und wird, wie gerade beschrieben, von den anderen geleitet. Sieger ist das Team, das zuerst alle Sachen im Reifen abgelegt hat.

Tipps

- Spielen Sie am besten auf dem Schulhof oder in der Turnhalle. Es ist gut, wenn Sie viel Platz haben.
- Zur Sicherheit sollte ein sehender Schüler aus jedem Team neben dem Blinden hergehen. Er darf ihn aber lediglich im Notfall berühren, die Steuerung erfolgt im Spiel normalerweise nur durch Worte.

- ⊙ Legen Sie fest, dass sich jede Gruppe bloß in einem Viertel des Raumes bewegen darf, damit sich die blinden Spieler nicht gegenseitig behindern.
- ⊙ Akzeptieren Sie, wenn manche Schüler nicht bereit sind, sich die Augen verbinden zu lassen. Diese können stattdessen dabei helfen, einen anderen Blinden zu leiten.

Satzbau-Staffel

Thema: Satzbau

Wortfeld: beliebig

Klasse: 3. bis 13. Klasse

Niveaustufe: ab A2

Sozialform: in Gruppen gegeneinander (max. 15 Lerner)

Bewegungsintensität: 🏃🏃🏃

Dauer: 5 bis 10 Minuten

Vorbereitung: –

Material: –

So geht's

Teilen Sie die Lerngruppe in zwei oder drei Teams auf. Weisen Sie jeder Kleingruppe einen Bereich der Tafel zu. Die Mannschaften stellen sich auf der gegenüberliegenden Seite des Raumes in gleichem Abstand zur Tafel in Reihen auf. Geben Sie den Startspielern jeweils ein Stück Kreide.
Diese rennen nun auf Ihr Signal hin so schnell wie möglich nach vorn und schreiben ein von Ihnen vorgegebenes Wort als Satzanfang (z. B. „Der" oder „Am") in ihren Tafelbereich. Dann laufen sie wieder zurück und übergeben die Kreide an den folgenden Spieler, der den Satz mit einem beliebigen Wort fortführt. Ziel ist es, einen möglichst langen (und korrekten) Satz zu formulieren. Während des Schreibprozesses dürfen sich die Gruppen selbst korrigieren.
Bei der Wertung geben Sie für jedes in den Satz passende und korrekt geschriebene Wort drei Punkte. Wenn ein Wort an der Stelle nicht in den Satzbau passt, gibt es keine Punkte dafür. Für jeden Rechtschreibfehler ziehen Sie einen Punkt ab. Die Aktivität endet nach einer von Ihnen festgelegten Anzahl Spielrunden.

Bierdeckel-Staffel

Thema: Abfrage beliebiger Grammatikinhalte (Lückensätze)

Wortfeld: beliebig

Klasse: 3. bis 6. Klasse

Niveaustufe: ab A1

Sozialform: in Gruppen gegeneinander (max. 16 Lerner)

Bewegungsintensität:

Dauer: 10 bis 15 Minuten

Vorbereitung: Papierstreifen mit zum gewählten Thema passenden Lückensätzen beschriften

Material: ca. 10 Klebezettel, 3 Bierdeckel pro Gruppe, 1 Lückensatz pro Schüler, 1 Gong

So geht's

Markieren Sie nicht allzu weit von der Tafel entfernt mit Klebezetteln eine Startlinie. Teilen Sie die Lerngruppe in zwei bis vier Kleingruppen auf. Diese stellen sich in Reihen an der Startlinie hintereinander auf. Der erste Spieler jeder Mannschaft bekommt jeweils drei Bierdeckel. Vor Spielbeginn stellen die Startspieler jeden ihrer Füße nebeneinander jeweils auf einen Bierdeckel und werfen den dritten vor sich. Sobald Sie mit einem Gong das Startsignal für die Staffel gegeben haben, stellen die Spieler ihren rechten Fuß auf den dritten Bierdeckel. Dann werfen sie den frei gewordenen Bierdeckel vor sich und ziehen das linke Bein nach usw. Auf diese Weise bewegen sie sich zur Tafel. Dort liegen die vorbereiteten Lückensätze (z. B. mit fehlender Präposition) auf einem Stapel. Jeder nimmt sich einen davon, schreibt den vollständigen Satz an die Tafel und unterstreicht das eingesetzte Wort. Dann kehrt der Schüler in der beschriebenen Fortbewegungsart zu seinem Team zurück.
Er schlägt den folgenden Spieler ab, der die nächste Runde der Bierdeckel-Staffel läuft. Sieger ist die Mannschaft, die im festgelegten Zeitraum die meisten korrekten Sätze an die Tafel geschrieben hat.

Tipp

Kopieren Sie für die vorzubereitenden Lückensätze eine typische Grammatik-Einsetzübung aus einem Lehrbuch. Vergrößern Sie die Vorlage, sodass sie besser lesbar ist, und schneiden Sie die Sätze auseinander.

Würfel-Ausstreich-Staffel

Thema: Abfrage beliebiger Grammatikinhalte

Wortfeld: beliebig

Klasse: 3. bis 13. Klasse

Niveaustufe: ab A1

Sozialform: in Gruppen gegeneinander

Bewegungsintensität: 🏃🏃

Dauer: 5 bis 10 Minuten

Vorbereitung: Arbeitsblatt mit 6 Aufgaben erstellen und kopieren

Material: 1 Würfel und 1 Aufgabenblatt pro Gruppe, 1 Gong

So geht's

Bereiten Sie ein Arbeitsblatt mit sechs Aufgaben vor. Geeignet sind bspw. Einsetzübungen zu Konjugation oder Deklination. Malen Sie vor jede Aufgabe die Augenzahl eines Würfels. Vergeben Sie je einmal die Zahlen 1 bis 6.
Teilen Sie die Lerngruppe in drei bis vier Teams auf. Legen Sie pro Kleingruppe ein Arbeitsblatt sowie einen Stift nebeneinander auf die eine Seite des Klassenzimmers. Die Gruppen stehen auf der anderen Seite des Raumes in Reihen hintereinander. Jedes Team hat einen eigenen Würfel.
Sobald Sie mit dem Gong das Startsignal geben, würfelt der erste Spieler aus jeder Mannschaft. Dann läuft er so schnell wie möglich zum Arbeitsblatt seiner Gruppe und löst die zur erwürfelten Zahl gehörige Aufgabe. Anschließend streicht er die entsprechende Augenzahl des Würfels auf dem Zettel durch und rennt zurück zu seinem Team. Dort würfelt der nächste Spieler. Wenn er eine Zahl erhält, deren Aufgabe bereits bearbeitet wurde, stellt er sich hinten an und der folgende Schüler würfelt. Das geht so lange, bis eine Zahl geworfen wird, zu der es noch eine Aufgabe gibt. Dann geht es wie oben beschrieben weiter. Sieger ist die Gruppe, die zuerst alle Arbeitsaufträge richtig erledigt hat.

Tipp

Sie können die Aufgaben für das Spiel zusätzlich auch an die Tafel schreiben oder mit dem Beamer an die Wand projizieren. Somit sieht nicht nur der Schüler, der gerade am Zug ist, die Aufgaben, sondern alle können gemeinsam versuchen, die Arbeitsaufträge zu lösen. Dieses Verfahren bietet sich vor allem bei komplexeren Fragestellungen an.

DaZ lernen mit Bewegung

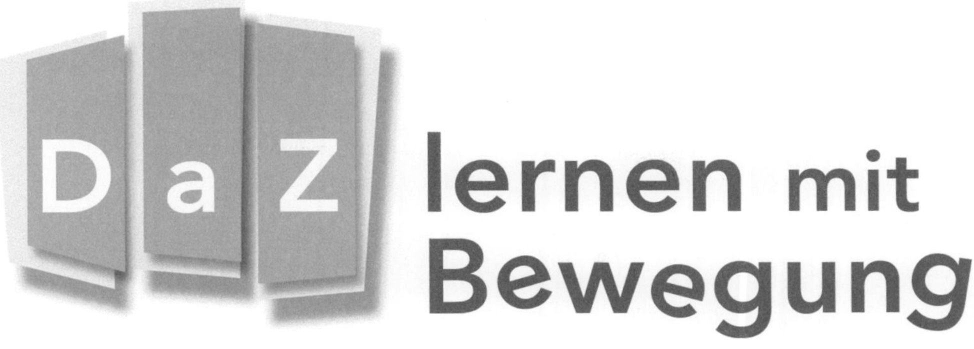

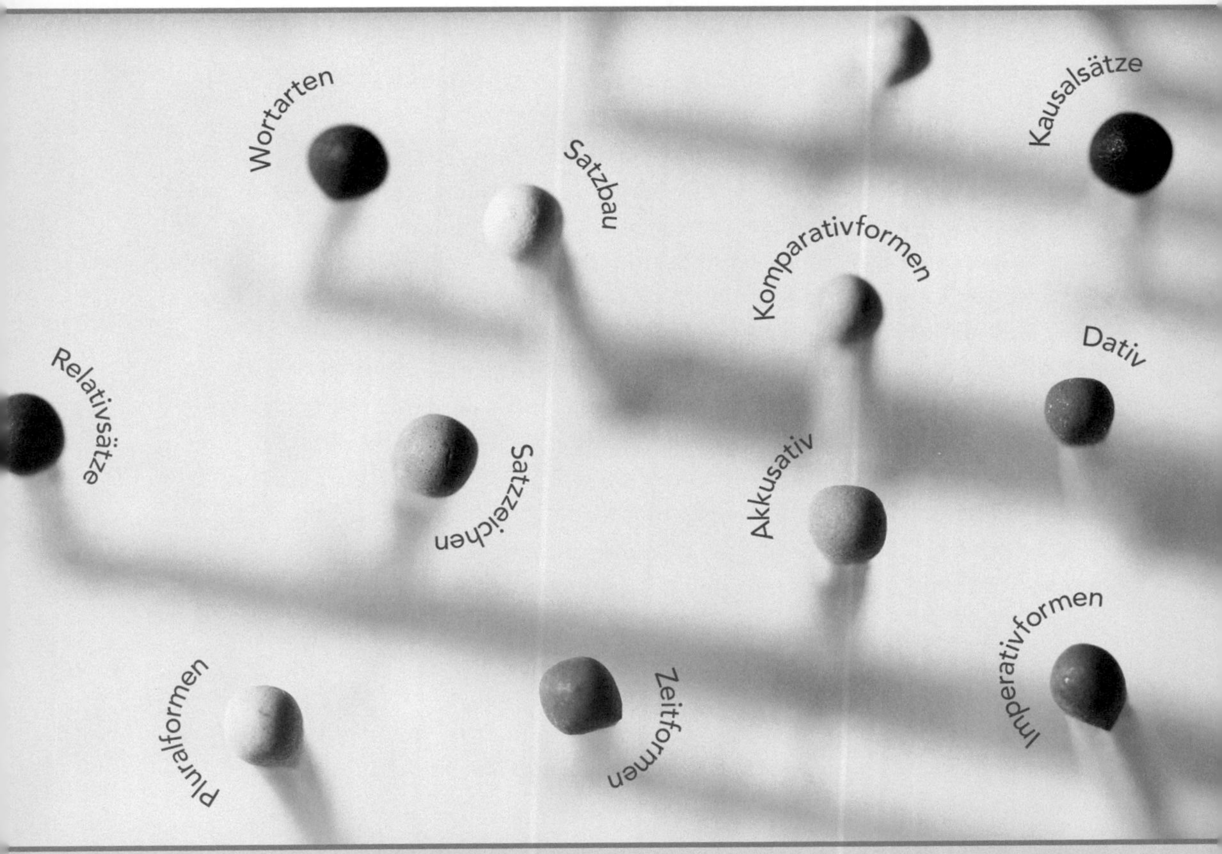
Wortarten
Satzbau
Kausalsätze
Komparativformen
Dativ
Relativsätze
Satzzeichen
Akkusativ
Imperativformen
Pluralformen
Zeitformen

Reihenspiele

Tipp Topp

Thema: Partizip Perfekt, regelmäßige und unregelmäßige Verben

Wortfeld: Tätigkeiten

Klasse: 3. bis 8. Klasse

Niveaustufe: ab A2

Sozialform: Gruppenarbeit

Bewegungsintensität:

Dauer: ca. 5 Minuten

Vorbereitung: –

Material: –

So geht's

Bilden Sie 3er-Gruppen. Ein leistungsstarker Schüler fungiert jeweils als Spielleiter, der die Richtigkeit der Antworten überwacht. Die anderen beiden treten gegeneinander an. Sie stellen sich in ein bis zwei Metern Abstand gegenüber voneinander auf. Der Spielleiter gibt das Thema vor, z. B. „Verbformen im Partizip Perfekt". Der jüngere der beiden Spieler darf anfangen und nennt eine beliebige Verbform. Wenn sie richtig ist, darf er einen Fuß vor sein Standbein stellen (die Ferse genau an die Fußspitze) und sich so in Richtung seines Mitspielers bewegen. Dann ist der andere an der Reihe und ruft ebenfalls eine Verbform. So wechseln sich die beiden ab. Bei jedem korrekten Verb dürfen die Schüler einen Fuß nach vorn setzen. Wenn jemand keine Form weiß oder einen Fehler macht, muss er stehen bleiben. Nun ist der andere dran.
Das Spiel endet, wenn sich die beiden treffen. Derjenige Spieler, der dabei (vorsichtig) seinen Fuß auf den des Mitspielers setzt, hat gewonnen.

Tipps

- Mit größeren Klassen können Sie das Spiel auf dem Schulhof durchführen. Dort haben Sie genug Platz für eine beliebige Anzahl 3er-Gruppen.
- Wenn Sie bestimmte Verben üben möchten, geben Sie den Spielleitern Verbkarten zum Vorlesen. Die Spieler müssen dazu jeweils die gewünschte Form bilden.

Variante

Sie können das Spiel auch mit den Präteritumformen von unregelmäßigen Verben durchführen.

Kettenschlange

Thema: Komposita

Wortfeld: beliebig

Klasse: 3. bis 6. Klasse

Niveaustufe: ab A2

Sozialform: alle zusammen (max. 16 Lerner)

Bewegungsintensität:

Dauer: 10 bis 15 Minuten

Vorbereitung: –

Material: –

So geht's

Alle sitzen auf ihren Plätzen. Geben Sie ein Substantiv vor, das sich gut zur Kompositumbildung eignet, z. B. „Haus“. Gehen Sie auf einen Schüler zu. Er muss ein Kompositum nennen, das mit „Haus“ beginnt, z. B. „das Haustier“ oder „die Haustür“. Dann stellt er sich hinter Sie. Gemeinsam bewegen Sie sich durch den Raum zu einem anderen Schüler. Dieser muss ein Kompositum bilden, das mit „Tier“ bzw. „Tür“ anfängt, und sich der Reihe anschließen. Zum Schluss sollten alle Schüler in der Schlange mitlaufen. Jeder muss dafür ein Kompositum mit dem zuvor genannten Substantiv finden.
Nach dem Spiel können Sie die so entstandene Wortkette mit Ihrer Lerngruppe wiederholen und an die Tafel schreiben. Lassen Sie die Artikel von den Schülern ergänzen.

Tipps

- Achten Sie darauf, dass auch die richtigen Artikel der Komposita genannt werden.
- Übernehmen Sie selbst die Führung der Schlange, damit Sie je nach Schwierigkeit des jeweiligen Begriffs einen passenden Schüler auswählen können.

Variante

Sie können das Spiel auch mit den Präteritumformen von unregelmäßigen Verben durchführen. Dann muss eine Kette nach folgendem Muster gebildet werden: ka**m** – **m**ocht**e** – **e**rfan**d** …

Chor der Verben

Thema: Verben konjugieren

Wortfeld: Tätigkeiten

Klasse: 3. bis 6. Klasse

Niveaustufe: ab A1

Sozialform: alle zusammen (max. 16 Lerner)

Bewegungsintensität: 🏃🏃

Dauer: 5 bis 10 Minuten

Vorbereitung: –

Material: –

So geht's

Die Schüler sitzen an ihrem Platz oder im Kreis. Gehen Sie auf einen von ihnen zu und bitten Sie ihn, einen Infinitiv zu nennen, z. B. „essen". Danach hängt er sich wie bei einer Polonaise an Ihren Rücken. Gemeinsam konjugieren Sie die 1. und 2. Person des Verbs und machen bei jeder Silbe einen kleinen Schritt nach vorn: „Ich es-se, du isst." Laufen Sie danach gemeinsam zu einem anderen Schüler. Auch er sagt einen Infinitiv und hängt sich hinten an. Dann konjugieren Sie zu dritt die ersten beiden Formen des neuen Verbs. So wächst die Schlange immer weiter an, bis schließlich alle mitmachen.
Das Chorsprechen und gleichzeitige Gehen dient dazu, den Schülern den Sprachrhythmus zu verdeutlichen. Das hilft ihnen bei der korrekten Aussprache und Betonung der Wörter.

Tipps

- Sie können die Verben natürlich in allen beliebigen Personen durchkonjugieren lassen. Aber um die Umlautung bei unregelmäßigen Verben aufzuzeigen, genügen die 1. und 2. Person Singular.
- Wenn Sie bestimmte Wörter mit Ihrer Lerngruppe üben wollen, schreiben Sie einige vorab an die Tafel, die dann beim Spiel genutzt werden sollen.
- Statt eine Polonaise zu machen, können die Schüler auch einfach in einer Reihe hintereinander hergehen, ohne sich zu berühren.

Variante

Sie können die Verben auch in beliebigen Zeiten konjugieren lassen.

Adjektiv-Rallye

Thema: unbestimmte Artikel und Adjektive im Akkusativ

Wortfeld: Farben und andere Adjektive zur Gegenstandbeschreibung

Klasse: 3. bis 6. Klasse

Niveaustufe: ab A1

Sozialform: alle zusammen (max. 12 Lerner)

Bewegungsintensität: 🏃🏃🏃

Dauer: ca. 5 Minuten

Vorbereitung: –

Material: –

So geht's

Die Schüler stehen in einer Reihe nebeneinander im Klassenraum. Geben Sie ihnen einen Arbeitsauftrag, z. B. „Finde ein grünes Kleidungsstück", „Finde einen runden Gegenstand" oder „Finde einen gelben Stift". Die Spieler suchen danach im Klassenraum. Wer zuerst etwas Passendes berührt, bekommt einen Punkt. Danach stellen sich alle wieder in die Reihe und bekommen den nächsten Suchauftrag.

Tipps

- Sie können vorher bestimmte Gegenstände im Klassenraum verteilen, die in das Spiel einbezogen werden sollen. Auf diese Weise können Sie gezielt Vokabeln aus vorherigen Unterrichtsstunden wiederholen.
- In großen Lerngruppen sollten nicht alle gleichzeitig loslaufen. Teilen Sie die Lerngruppe stattdessen in mehrere Teams auf, von denen sich jeweils ein Spieler auf die Suche nach einem Gegenstand macht.

Variante

Der jeweilige Sieger, also derjenige, der zuerst einen passenden Gegenstand gefunden und berührt hat, darf den nächsten Suchauftrag für seine Mitschüler nennen.

Schnell – schneller – am schnellsten

Thema: Komparativ- und Superlativformen

Wortfeld: Tiere

Klasse: 3. bis 6. Klasse

Niveaustufe: ab A2

Sozialform: in Gruppen gegeneinander (max. 20 Lerner)

Bewegungsintensität:

Dauer: 5 bis 10 Minuten

Vorbereitung: Tier-Bildkarten erstellen/auswählen

Material: 1 Tier-Bildkarte pro Schüler

So geht's

Die Schüler werden in Kleingruppen aufgeteilt. Jedes Team steht in einer Reihe hintereinander. Kündigen Sie an, für wen es einen Punkt geben soll, z. B.: „Das schnellste Tier bekommt einen Punkt" oder „Das schwerste Tier bekommt einen Punkt." Sie können ganz unterschiedliche Kriterien nennen.
Bei der Auswahl der Tiere sollten Sie aber darauf achten, dass eine eindeutige Wertung möglich ist.
Händigen Sie den Ersten jeweils eine Bildkarte aus. Die Schüler halten sie hoch, sodass alle die Abbildung sehen können. Jeder benennt sein Tier, z. B.: „Ich habe eine Schnecke", „Ich habe einen Frosch" oder „Ich habe einen Tiger." Nun setzt jeder sein Tier in Beziehung zu den anderen, z. B.: „Eine Schnecke ist langsamer als ein Frosch und ein Tiger. Die Schnecke ist das langsamste Tier" oder „Ein Frosch ist schneller als eine Schnecke, aber langsamer als ein Tiger." Bei diesem hier vorgestellten Beispiel ist der Tiger das schnellste Tier. Deshalb bekommt die Schülergruppe mit der Bildkarte „Tiger" einen Punkt gutgeschrieben.
Danach stellen sich die Spieler hinten in ihrer Reihe an und Sie sagen die nächste Runde an, für die Sie neue Bildkarten verteilen.

Tipp

Je nach Lernstand Ihrer Gruppe sollten Sie vor dem Spiel die auf den Karten abgebildeten Tiere benennen und an die Tafel schreiben, sodass jeder auf den erforderlichen Wortschatz zurückgreifen kann.

Variante

Sie können das Spiel auch mit sehr kleinen Gruppen (bis maximal sechs Spielern) durchführen. In diesem Fall spielen die einzelnen Schüler gegeneinander. Sie beginnen alle an der Startlinie. Markieren Sie von dort aus mit Klebezetteln auf dem Boden Schritte bis zur gegenüberliegenden Ziellinie.
Geben Sie jedem eine andere Bildkarte. Wie oben beschrieben, werden die Tiere benannt und miteinander verglichen. Wer das schnellste (kleinste, größte etc.) Tier hat, darf einen Schritt nach vorn gehen. Sieger ist derjenige, der als Erster die Ziellinie erreicht hat.

Line up

Thema: Komparativ- und Superlativformen

Wortfeld: Adjektive zur Beschreibung von Personen

Klasse: 3. bis 13. Klasse

Niveaustufe: ab A2

Sozialform: alle zusammen

Bewegungsintensität:

Dauer: 5 bis 10 Minuten

Vorbereitung: –

Material: 2 Klebezettel

So geht's

Markieren Sie im Klassenraum mit zwei Klebezetteln, wo Anfang bzw. Ende der Reihe sein soll. Geben Sie der Lerngruppe einen Auftrag, z. B. „Stellt euch in einer Reihe auf. Wer die höchste Hausnummer hat, steht links. Der mit der niedrigsten Hausnummer steht rechts." Die Schüler fragen sich gegenseitig nach ihrer Hausnummer und stellen sich in der richtigen Reihenfolge auf. Wenn alle ihren Platz gefunden haben, fragen Sie den ersten in der Reihe nach seiner Hausnummer. Der Angesprochene antwortet, z. B. „Meine Hausnummer ist 4." Danach fragt er den nächsten: „Was ist deine Hausnummer?" oder „Welche Hausnummer hast du?" Der angesprochene Spieler reagiert dann so: „Meine Hausnummer ist größer als deine. Meine Hausnummer ist 10." So geht es immer weiter, bis jeder geantwortet hat.
Spieler mit der gleichen Hausnummer stellen sich hintereinander auf (in diesem Fall werden beide befragt und beide antworten). Wer merkt, dass er an der falschen Stelle in der Reihe steht, muss sich nachträglich richtig einordnen.
Zum Abschluss setzen sich alle bis auf drei Spieler wieder hin: Derjenige mit der niedrigsten und mit der höchsten sowie ein Spieler mit einer beliebigen Hausnummer bleiben stehen und ziehen noch einmal den Vergleich: „Meine Hausnummer ist höher/niedriger als deine. Ich habe die höchste/niedrigste Hausnummer."
So, wie eben beschrieben, können sich die Lerner auch nach anderen Themen aufstellen, z. B.:

- Körpergröße
- Schuhgröße
- Aufstehzeit
- Alter
- Entfernung zwischen Wohnort und Schule

Tipp

Damit die Übung in großen Klassen nicht zu lange dauert oder zu unübersichtlich wird, fordern Sie nur sechs bis zehn Lerner auf, sich aufzustellen. Jeder nennt seine Hausnummer, die anderen formulieren die Vergleiche.

Varianten

- Die Schüler dürfen beim Sortieren nicht miteinander reden, sondern müssen selbst einschätzen, an welcher Stelle sie sich einordnen müssen. Danach befragen sie sich der Reihe nach.
- Alle bewegen sich zu Musik im Raum. Sobald sie stoppt, muss sich – je nach Ihrer Ansage – eine bestimmte Menge an Schülern zusammenfinden, z. B. „5er-Gruppen – Thema: Alter" oder „3er-Gruppen – Thema: Geschwisterzahl". Die spontan entstandenen Gruppen müssen sich nach Ihrer Vorgabe sortieren. Bestimmen Sie ein Team, das sich entsprechend vergleicht, z. B.: „Eva ist zwölf Jahre alt, Kazim ist älter, Melissa ist die Älteste." Oder „Luise hat keine Geschwister. Nadia hat zwei Schwestern. Berk hat die meisten Geschwister. Er hat zwei Brüder und zwei Schwestern."

Pärchenspiel mit Satzteilen

Thema: Satzbau

Wortfeld: beliebig

Klasse: 3. bis 13. Klasse

Niveaustufe: ab A2

Sozialform: alle zusammen (max. 20 Lerner)

Bewegungsintensität:

Dauer: ca. 10 Minuten

Vorbereitung: –

Material: –

So geht's

Zwei Schüler A und B verlassen den Klassenraum. Die Übrigen überlegen sich paarweise Sätze zu einem Thema, z. B. zu „Geschäfte" oder „Zimmer und Möbel". Jedes Paar teilt seinen Satz zwischen sich auf, sodass einer für den Anfang, z. B.: „Ich kaufe Brötchen", der andere für das Ende, z. B.: „beim Bäcker", zuständig ist. Überprüfen Sie, ob sich alle Sätze eindeutig zuordnen lassen.
Danach stellen sich die Schüler getrennt von ihren Partnern in zwei Reihen auf. Auf der einen Seite befinden sich bunt durchmischt die Satzanfänge, auf der anderen die Satzenden. Die beiden auf dem Flur Wartenden werden hereingerufen. Ihre Aufgabe ist es nun – ähnlich den Spielregeln eines Memorys – zueinander passende Satzteile zu finden. Spieler A fordert nacheinander je einen Mitschüler aus jeder Reihe auf, seinen Satzteil zu sagen. Falls er ein passendes Pärchen entdeckt hat, bekommt er einen Punkt. Die „aufgedeckten" Partner verlassen ihre Reihe und stellen sich zu ihrem „Entdecker". Danach ist Spieler B dran und benennt ebenfalls zwei Mitschüler, die ihre Satzfragmente präsentieren. So geht es immer abwechselnd weiter, bis alle Satzteilpärchen gefunden wurden. Sieger ist derjenige, der die meisten Punkte erreicht hat, also die meisten Paare hinter sich stehen hat.

Varianten

- Wenn mehr unterschiedliche Sätze gebildet werden sollen, beginnen Sie eine neue Spielrunde, sobald das erste Paar gefunden wurde. Der Sieger verlässt mit einem anderen Schüler den Raum, drinnen überlegen sich alle, wie oben beschrieben, weitere Sätze. Dann wird entsprechend weitergespielt.
- Sie können auch Satzstreifen vorbereiten. Schneiden Sie dafür entweder Haupt- und Nebensatz auseinander oder teilen Sie einen einfachen Satz, wie oben erläutert, auf. Geben Sie jedem Schüler ein Satzfragment.

Kette der Gemeinsamkeiten

Thema: Kausalsätze

Wortfelder: Hobbys, Aussehen, Kleidungsstücke

Klasse: 3. bis 8. Klasse

Niveaustufe: ab A2

Sozialform: alle zusammen (max. 12 Lerner)

Bewegungsintensität: 🏃🏃

Dauer: 5 bis 10 Minuten

Vorbereitung: –

Material: –

 So geht's

Alle sitzen auf ihren Plätzen. Ein Spieler steht auf und ruft einen anderen zu sich. Er muss begründen, warum dieser zu ihm kommen soll. Dazu nennt er eine Gemeinsamkeit zwischen ihm und diesem Mitspieler. Sind bspw. beide Brillenträger, könnte er sagen: „Hasan, komm zur mir, weil du auch eine Brille hast." Dann geht Hasan zu diesem Spieler und hängt sich wie bei einer Polonaise an dessen Rücken. Sie laufen gemeinsam durch den Raum. Danach ruft Hasan jemanden zu sich, der mit ihm eine Gemeinsamkeit hat, z. B.: „Sally, komm zur mir, weil du auch eine jüngere Schwester hast."
Sobald sich alle Schüler der Reihe angeschlossen haben, können Sie jemanden fragen, warum er dazugeholt wurde. Greifen Sie den genannten Aspekt auf und erkundigen Sie sich, auf wen das ebenfalls zutrifft. Fragen Sie bspw.: „Wer von euch hat auch eine jüngere Schwester?" So lernen sich die Schüler bei diesem Spiel besser kennen.

 Tipp

Statt eine Polonaise zu bilden, können die Schüler auch einfach in einer Reihe hintereinander hergehen, ohne sich dabei zu berühren.

 Variante

In größeren Lerngruppen können Sie Teams bilden. Immer abwechselnd rufen die beiden Gruppen einen Mitspieler zu sich. Das läuft wie oben beschrieben ab. Bei dieser Variante gehen die Schüler nicht als Schlange im Raum hin und her, sondern sammeln sich jeweils in einer Ecke der Klasse.

Schnelle Schlange

Thema: Satzbau, Deklination (Akkusativ und Dativ)

Wortfeld: beliebig

Klasse: 5. bis 13. Klasse

Niveaustufe: ab A1

Sozialform: alle zusammen (max. 12 Lerner)

Bewegungsintensität:

Dauer: ca. 5 Minuten

Vorbereitung: –

Material: –

So geht's

Die Schüler stellen sich in zwei Reihen hintereinander im Klassenraum auf. Sie stehen vor ihnen und nennen einen Satzanfang. Die beiden ersten Spieler jeder Schlange sollen diesen mit einem passenden Dativ- oder Akkusativobjekt ergänzen. Ein Beispiel: Sie beginnen folgenden Satz: „Ich gehe am Samstag …" Die Schüler müssen eine beliebige sinnvolle Richtungsangabe im Akkusativ hinzufügen, z. B. „ins Schwimmbad" oder „in die Bibliothek". Wer zuerst einen grammatikalisch richtigen Satz gesagt hat, stellt sich in seiner Schlange hinten an. Der andere Spieler bleibt vorn stehen. Danach geben Sie den folgenden Satzanfang vor. Wieder versuchen die beiden Startspieler, ihn möglichst schnell zu ergänzen.

Tipps

- Sie können das Spiel auch nutzen, um ausschließlich Akkusativ oder Dativ zu üben.
- In großen Lerngruppen können sich die Schüler in drei oder vier Schlangen aufstellen.
- Damit ein Schüler nicht zu lange vorn stehen bleiben muss, können Sie folgende Regel einführen: Nach dem dritten Versuch darf man sich hinten anstellen, wenn man noch keine richtige Antwort geben konnte.

Variante

Sie können für das Spiel auch Bildkarten nutzen und so bspw. Artikel oder Pluralformen üben. Zeigen Sie den Startspielern ein Bild von einem Substantiv. Wer zuerst den korrekten Artikel (oder die Pluralform) genannt hat, darf sich hinten in seiner Reihe anstellen.

DaZ lernen mit Bewegung

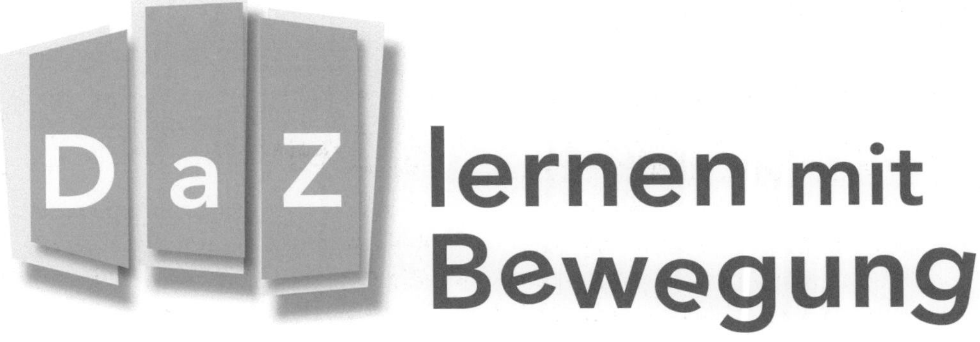

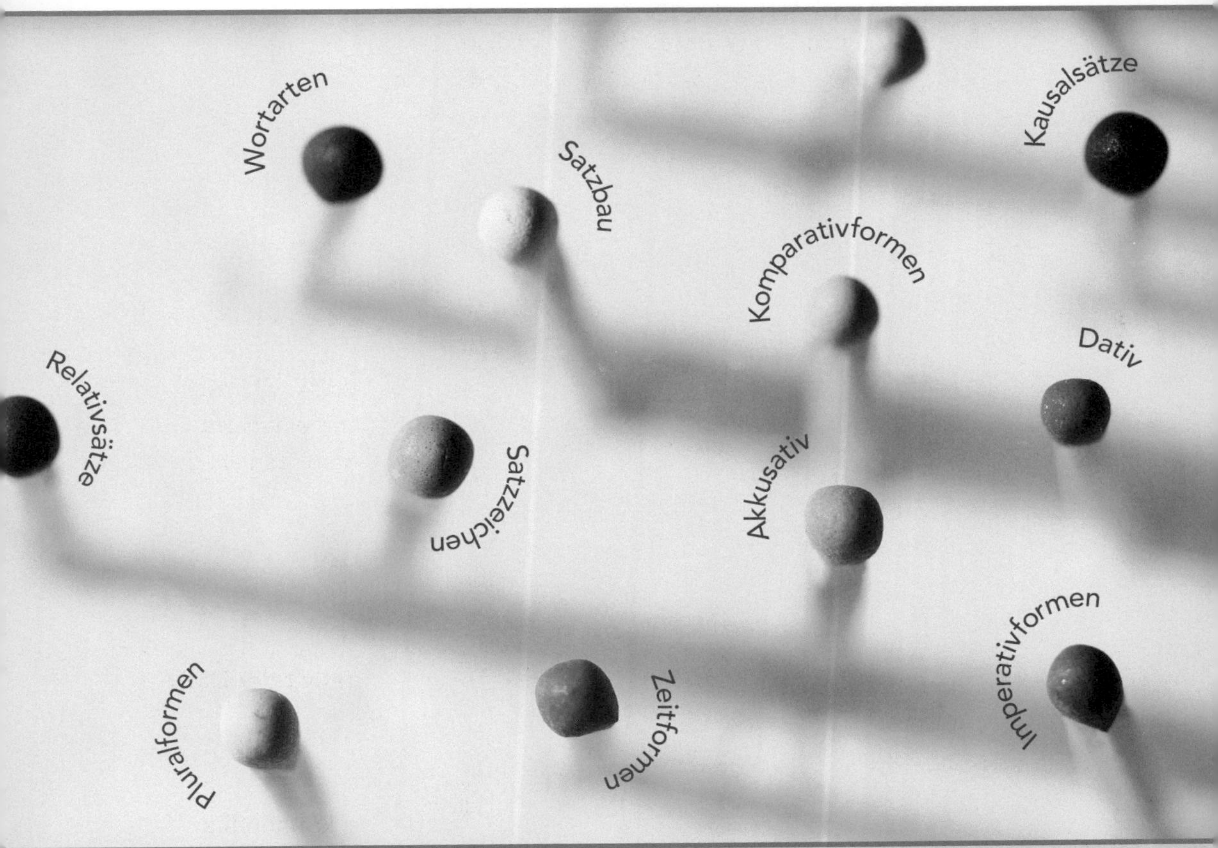
Wortarten
Satzbau
Kausalsätze
Komparativformen
Dativ
Relativsätze
Satzzeichen
Akkusativ
Pluralformen
Zeitformen
Imperativformen

Spiele im ganzen Raum

Was ich von dir weiß

Thema: Sätze bilden, Verben im Präsens konjugieren

Wortfelder: über sich sprechen (Freizeitaktivitäten, Vorlieben etc.)

Klasse: 3. bis 13. Klasse

Niveaustufe: ab A1

Sozialform: Einzelarbeit (max. 20 Lerner)

Bewegungsintensität: 🏃🏃

Dauer: 10 bis 15 Minuten

Vorbereitung: Papierbögen mit den Namen der Schüler beschriften und an die Wand hängen

Material: DIN-A3-Papier in Klassenstärke, Klebeband

So geht's

Hängen Sie im Klassenraum an verschiedenen Wänden die mit den Schülernamen beschrifteten Papierbögen auf. Die Spieler laufen mit einem Stift kreuz und quer von Plakat zu Plakat und notieren in Stichpunkten, was sie über den jeweiligen Mitschüler wissen. Jeder kann auf so vielen Postern schreiben, wie er möchte.

Nach dieser aktiven Phase geben Sie jedem Schüler ein Plakat (besonders volle Plakate sollten an stärkere Schüler ausgeteilt werden). Er setzt sich damit an seinen Platz und schreibt mithilfe der darauf stehenden Informationen so viele Sätze wie möglich über den entsprechenden Mitschüler, z. B.: „Amir hat eine Schwester", „Amir wohnt in der Sonnenstraße", „Amir spricht Arabisch" etc. Danach werden einige dieser Texte in der Klasse vorgelesen.

Tipp

Achten Sie darauf, dass auf jedem Poster etwas steht. Nehmen Sie zuerst die bereits besonders voll geschriebenen Plakate von der Wand ab. Dann können sich die Schüler auf die übrigen konzentrieren. Sie können auch selbst mitspielen und vor allem auf die Plakate schreiben, auf denen bislang wenig steht.

Variante

In kleinen Gruppen können Sie die Plakate gemeinsam besprechen. Jeder bekommt sein eigenes Poster und nimmt Stellung dazu, korrigiert eventuell falsche Informationen und ergänzt Weiteres über sich.

Unsere Gruppe

Thema: Fragen stellen mit Fragewörtern

Wortfelder: über sich selbst sprechen (Freizeitaktivitäten, Vorlieben etc.)

Klasse: 5. bis 13. Klasse

Niveaustufe: ab A1

Sozialform: alle zusammen (max. 20 Lerner)

Bewegungsintensität:

Dauer: ca. 15 Minuten

Vorbereitung: Themenkarten erstellen

Material: 1 Themenkarte pro Schüler

So geht's

Bereiten Sie für jeden Schüler eine Themenkarte vor, z. B.:

- Sportart
- Haustier

Teilen Sie die Karten anschließend aus. Derjenige Spieler mit der Karte „Musikinstrument" muss nun herausfinden, welche Instrumente von Gruppenmitgliedern gespielt werden, der mit dem Thema „Sportarten" ermittelt, welche Sportarten ausgeübt werden oder am beliebtesten sind, usw. Dazu gehen alle im Raum umher, sprechen sich gegenseitig an, stellen ihre Frage und notieren sich die Antworten der Mitschüler auf einem Zettel. Anschließend präsentiert jeder seine Ergebnisse im Plenum. Die Gruppe erfährt bspw., welche Haustiere die Mitschüler haben oder was das beliebteste Essen in der Lerngruppe ist.

Tipp

Jeder Schüler kann zu seinen Ergebnissen ein Plakat vorbereiten und dieses später im Plenum vorstellen. In diesem Fall müssen Sie mehr Zeit für die Aktivität einplanen.

Variante

Sie können auch Plakate mit den genannten Themen im Raum aufhängen. Dort trägt jeder ein, was auf ihn zutrifft. So entsteht bspw. eine Sammlung aller von Gruppenmitgliedern gehaltenen Haustiere oder gespielten Musikinstrumente. Nach der Schreibphase stellt jeder Schüler ein Plakat im Plenum vor.

Präteritum-Kette

Thema: Präteritumformen bilden (unregelmäßige Verben)

Wortfeld: Tätigkeiten

Klasse: 3. bis 13. Klasse

Niveaustufe: ab B1

Sozialform: Gruppenarbeit (max. 20 Lerner)

Bewegungsintensität:

Dauer: 5 bis 10 Minuten

Vorbereitung: Plakate aufhängen

Material: 3–5 Plakate/Flipchart-Bögen (je nach Gruppenanzahl), 3–5 dicke Filzstifte, Klebeband

So geht's

Die Lerngruppe wird je nach ihrer Größe in drei bis fünf Teams aufgeteilt. Jede Gruppe bekommt einen dicken Stift und geht damit zu einem der in verschiedenen Bereichen des Raumes aufgehängten Poster. Dort schreibt ein Spieler eine Verbform im Präteritum auf. Danach wechselt jede Gruppe zum nächsten Plakat und ergänzt eine Vergangenheitsform, die mit dem letzten Buchstaben des bereits notierten Verbs beginnt, z. B.: lief – fand. Danach werden wieder die Plakate gewechselt. So spielen Sie einige Durchgänge, bis auf jedem Plakat eine ganze Präteritum-Kette entstanden ist, z. B.: lie**f** – **f**an**d** – **d**acht**e** – **e**ntka**m** – **m** …

Tipp

Lassen Sie die Schüler anschließend Sätze mit den notierten Wörtern bilden.

Der Lüge auf der Spur

Thema: Sätze in Vergangenheitsform

Wortfelder: über sich selbst sprechen (Freizeitaktivitäten, Vorlieben etc.)

Klasse: 5. bis 13. Klasse

Niveaustufe: ab A2

Sozialform: Einzelarbeit, alle zusammen

Bewegungsintensität:

Dauer: 10 bis 15 Minuten

Vorbereitung: –

Material: Klebeband

So geht's

Jeder teilt ein DIN-A4-Blatt in vier gleich große Felder auf. In jedem Bereich wird ein Satz in der Vergangenheit formuliert. Drei Sätze sollten der Wahrheit entsprechen, einer ist gelogen. Die Schüler könnten z. B. über Reisen, Hobbys oder besondere Erlebnisse schreiben:

- „Ich war noch nie in Frankreich."
- „Ich bin schon mal Ski gefahren."
- „Ich habe noch nie ein Haustier gehabt."
- „Ich habe schon mal einen Pokal gewonnen."

Jeder klebt sich seinen ausgefüllten Zettel mit Klebeband auf den Rücken und nimmt einen Stift in die Hand. Alle laufen im Raum umher und lesen die Sätze auf den Rücken ihrer Mitschüler. Jeder macht ein Kreuz in dem Feld, wo er die Lüge vermutet.
Wenn die Zettel von allen bearbeitet wurden, nimmt jeder sein Blatt vom Rücken ab. Die Schüler lösen die Rätsel im Plenum auf und erklären, welche Lügen sie sich ausgedacht haben.

Tipps

- Einfacher wird das Spiel, wenn Sie nur positive Sätze („Ich habe schon …") zulassen, denn Verneinungen sind schwieriger zu verstehen.
- Weisen Sie die Schüler darauf hin, dass sie groß und deutlich schreiben müssen, damit die anderen ihre Sätze gut lesen können.
- Um die Übersicht zu behalten, wer schon bei wem einen Satz markiert hat, können Sie jedem einen Buntstift in einer anderen Farbe geben.
- Verwenden Sie keine Filzstifte, um Flecken auf der Kleidung zu verhindern!

Kartentausch

Thema: unregelmäßige Verben

Wortfeld: Tätigkeiten

Klasse: 3. bis 13. Klasse

Niveaustufe: ab A2

Sozialform: alle zusammen

Bewegungsintensität:

Dauer: 10 bis 15 Minuten

Vorbereitung: –

Material: 1 Karteikarte (ca. DIN A6) pro Schüler

So geht's

Lassen Sie jeden eine Verbkarte vorbereiten. Um bestimmte Verben zu üben, können Sie vorgeben, welche Wörter für die Karten benutzt werden sollen. Auf die Vorderseite schreiben die Schüler den Infinitiv eines Verbs, auf die Rückseite die zu lernenden Formen. Ein Beispiel:

Vorderseite:

Rückseite:

er/sie isst
er/sie aß
er/sie hat gegessen

Dann beginnt das Spiel. Alle laufen mit ihren Karten im Raum umher und suchen sich einen Partner. Diesem zeigen sie ihren Infinitiv und fragen: „Wie heißen die Formen von ...?" Der Partner versucht die Frage zu beantworten. Wenn er die Antwort nicht weiß, kann er die Verbformen von der Karte ablesen. So fragen sich die beiden gegenseitig ab. Danach tauschen sie ihre Karten miteinander und suchen sich neue Mitspieler.

Tipps

- Schneller geht das Spiel, wenn Sie die Karten vorher vorbereiten.
- Spielen Sie mit, um sich einen Eindruck vom Wissensstand Ihrer Lerngruppe zu verschaffen.
- Wenn die Schüler Verbformen neu lernen sollen, beginnen Sie mit fünf bis zehn verschiedenen Wörtern. Ein Verb sollte in der Lerngruppe mehrmals vergeben werden. Ersetzen Sie bei späteren Spieldurchgängen die mehrfach vorhandenen Verben durch neue Formen. Karten, die den Schülern keine Schwierigkeiten mehr bereiten, nehmen Sie aus dem Spiel.

Raum-Alphabet

Thema: Zuordnung von Artikeln zu Substantiven

Wortfelder: Gegenstände im Klassenraum, Kleidungsstücke, Körperteile

Klasse: 3. bis 13. Klasse

Niveaustufe: ab A2

Sozialform: Einzelarbeit, alle zusammen

Bewegungsintensität: 🏃🏃

Dauer: ca. 10 Minuten

Vorbereitung: Buchstabenkarten beschriften

Material: 1 Buchstabenkarte pro Schüler mit je einem häufig vorkommenden Buchstaben, wie A, B, E, R, S, T

So geht's

Jeder Schüler legt auf einem Blatt Papier eine dreispaltige Tabelle an, die mit „der – die – das" überschrieben ist. Dann händigen Sie jedem eine andere Buchstabenkarte aus. Ziel ist es, so viele Dinge im Klassenraum mit dem betreffenden Anfangsbuchstaben zu notieren wie möglich. Dabei muss jedes Wort in die richtige Spalte der Tabelle geschrieben werden. Geben Sie den Schülern maximal 5 Minuten Zeit für diese Aktivität.
Nach der Suchphase werden die Ergebnisse im Plenum vorgestellt. Dazu können Sie die gefundenen Wörter (mit Artikel) an der Tafel mitschreiben. Um auch die Ergebnissicherung mit Bewegung zu verbinden, bitten Sie Schüler, die viele Begriffe gefunden haben, ihre Mitschüler zu den jeweiligen Gegenständen zu führen. Dort sollen die Dinge jeweils benannt werden.

Tipps

- Um ihren Wortschatz zu vergrößern, können die Schüler nach passenden Begriffen im Wörterbuch suchen und diese in ihrer Tabelle ergänzen.
- Im Anschluss an dieses Spiel können Sie mit Ihrer Lerngruppe ein ABC zum Wortfeld „Im Klassenraum" erstellen. Versuchen Sie gemeinsam, zu jedem Buchstaben des Alphabets einen Gegenstand aufzuschreiben. Schwierige Buchstaben, wie Q, X oder Y, können Sie dabei weglassen.

 Varianten

- Sie können dieses Spiel auch in der Turnhalle oder auf dem Schulhof spielen oder den Schülern erlauben, sich auf dem gesamten Schulgelände zu bewegen. Wenn der Aktionsradius größer ist, sollten Sie für die Aktivität allerdings mehr Zeit einräumen als im Klassenzimmer.
- Mit Sprachanfängern können Sie das Raum-Alphabet auch ohne Buchstabenvorgabe machen. In diesem Fall sollen die Schüler alles in ihrer Liste notieren, was sie überhaupt im Klassenraum benennen können.

Überraschungspärchen

Thema: Pluralformen von Substantiven

Wortfeld: beliebig

Klasse: 3. bis 13. Klasse

Niveaustufe: ab A2

Sozialform: in Gruppen gegeneinander (max. 20 Lerner)

Bewegungsintensität: 🏃🏃🏃

Dauer: 5 bis 10 Minuten

Vorbereitung: Karten-Pärchen erstellen

Material: bei vier Teams 50 Karten-Pärchen (100 Karten)

So geht's

Bereiten Sie Karten-Pärchen ähnlich einem Memory vor, indem Sie 50 Substantive einmal im Singular und einmal im Plural aufschreiben. Legen Sie alle Kärtchen bunt verteilt mit der beschrifteten Seite nach unten in die Mitte des Zimmers auf den Fußboden. Teilen Sie die Schüler in vier Teams auf, die jeweils in einer Ecke des Raumes an einem Tisch stehen. Auf Ihr Kommando läuft aus jeder Gruppe ein Spieler in die Mitte, nimmt eine Karte und rennt damit zurück zu seiner Mannschaft. Dort wird der nächste Spieler abgeschlagen, der ebenfalls eine Karte holt. So geht das Spiel weiter, bis nichts mehr in der Mitte liegt. Dann bilden die Gruppen an ihren Tischen Paare aus zueinander passenden Singular- und Pluralformen. Zum Schluss zählt jedes Team seine gefundenen Pärchen. Diese werden bei der Auswertung des Spiels benannt.

Tipp

Weniger hektisch ist es, wenn nicht auf Schnelligkeit gespielt wird, sondern alle Gruppen gleich viele Karten holen dürfen. In diesem Fall entscheidet nur der Zufall, welches Team die meisten Karten-Paare bilden kann.

Variante

Nach dem Überraschungspärchenspiel können Sie noch weiterspielen: Alle gefundenen Paare werden beiseitegelegt und sind aus dem Spiel. Die Gruppen fragen sich im Uhrzeigersinn gegenseitig nach fehlenden Karten, also z. B.: „Habt ihr einen Apfel?" oder „Habt ihr die Bananen?". Wenn das befragte Team die Karte besitzt, muss es diese abgeben. Danach darf die nächste Mannschaft fragen. So geht es weiter, bis alle Karten zueinandergefunden haben.

Komposita-Puzzle

Thema: Komposita bilden

Wortfeld: beliebig

Klasse: 5. bis 13. Klasse

Niveaustufe: ab B1

Sozialform: Partnerarbeit

Bewegungsintensität:

Dauer: 5 bis 10 Minuten

Vorbereitung: Wortkarten erstellen

Material: 1 Wortkarte pro Schüler

So geht's

Jeder Schüler bekommt eine Karte mit je einem Substantiv auf der Vorder- und Rückseite. Es sollte sich dabei um Wörter handeln, aus denen sich gut Komposita bilden lassen. Alle bewegen sich im Raum und versuchen einen Partner zu finden, dessen Karte mit einem ihrer Begriffe ein Kompositum ergibt. Sobald sich zwei Spieler treffen, fragen sie sich gegenseitig: „Welche Wörter hast du?" und nennen sie. Wenn sie ein zusammengesetztes Wort bilden können, schreiben sie es an die Tafel. Danach tauschen die beiden Spieler ihre Wortkarten miteinander und suchen sich jeweils einen neuen Partner. Wer kein Kompositum findet, sucht so lange nach einem passenden Partner, bis sich ein sinnvolles Wort ergibt.
Anschließend werden die gefundenen Zusammensetzungen im Plenum besprochen und ihre Bedeutung geklärt. Außerdem können Sie die verschiedenen Artikel farbig kennzeichnen und dabei die Regel zur Artikelbildung thematisieren.

Tipp

In kleinen Gruppen können Sie die Regel einführen, dass sich Teams, die ein Kompositum gebildet haben, jeweils eine neue Wortkarte von einem Stapel nehmen müssen. Dadurch erreichen Sie, dass mehr verschiedene Wörter im Umlauf sind und immer wieder neue Begriffe gebildet werden können.

Variante

Alternativ können Sie je eine Wortkarte auf die Brust und den Rücken der Schüler kleben. Das hat den Vorteil, dass alle sehen, welche Wörter bei wem im Spiel sind. So können sie direkt auf denjenigen zugehen, mit dem sie ein Kompositum bilden können. Allerdings wird bei dieser Variante weniger gesprochen als bei der oben vorgestellten Spielweise.

Farben im Reifen

Thema: Sätze mit unbestimmtem Artikel und Adjektiv im Akkusativ bilden

Wortfelder: Farben, Kleidungsstücke

Klasse: 5. bis 8. Klasse

Niveaustufe: ab A2

Sozialform: alle zusammen

Bewegungsintensität: 🏃🏃🏃

Dauer: ca. 5 Minuten

Vorbereitung: Hula-Hoop-Reifen im Raum verteilen

Material: 3 Hula-Hoop-Reifen, beliebige Musik und Abspielmöglichkeit

So geht's

Verteilen Sie die drei Reifen auf dem Fußboden. Die Schüler bewegen sich zur Musik im Raum. Sobald die Musik stoppt, nennen Sie eine Farbe. Alle, die ein Kleidungsstück in bzw. mit dieser Farbe tragen, versuchen so schnell wie möglich einen der Reifen zu erreichen. In jedem Reifen darf allerdings nur ein Spieler stehen.
Jeder, der dort einen Platz bekommen hat, muss sagen, welches Kleidungsstück er in der genannten Farbe trägt, z. B.: „Ich trage gelbe Socken" oder „Ich trage ein buntes T-Shirt mit gelben Blumen." Danach verlassen alle wieder die Reifen und laufen erneut zu Musik im Raum herum, bis Sie die nächste Farbe rufen.

Tipps

- Wenn Sie nicht viel Platz in Ihrem Klassenraum haben, können Sie statt der Reifen auch Klebezettel auf dem Fußboden aufkleben. Dann müssen sich die Schüler jeweils auf einen freien Klebezettel stellen.
- Für große Gruppen können Sie mehr als drei Reifen benutzen.
- Platzsparend ist es, mit einem Seil einen großen Kreis auf dem Fußboden auszulegen. Bei dieser Variante müssen sich alle, die ein passendes Kleidungsstück tragen, in den Kreis stellen.

Variante

Sie können das Spiel auch für andere Wortfelder nutzen. Verteilen Sie Bildkarten oder Gegenstände (aus einem bestimmten Themenbereich) an Ihre Lerngruppe, z. B. Schulsachen. Die Schüler müssen gemäß der Eigenschaften dieses Gegenstandes, wie oben beschrieben, reagieren.

Wer sucht, der findet

Thema: Sätze im Akkusativ bilden, Adjektive in der Konstruktion „etwas …-es"

Wortfelder: Alltagsgegenstände, Kleidungsstücke, Schulsachen

Klasse: 3. bis 13. Klasse

Niveaustufe: ab A1

Sozialform: in Gruppen gegeneinander

Bewegungsintensität:

Dauer: 10 bis 15 Minuten

Vorbereitung: Gegenstände im Raum verteilen, Liste mit Suchaufträgen formulieren und für jede Gruppe kopieren

Material: diverse Alltagsgegenstände, 1 Liste mit Suchaufträgen pro Gruppe

So geht's

Verteilen Sie, bevor die Schüler den Raum betreten, diverse Alltagsgegenstände (z. B. Löffel, Münze, Taschentücher, Schlüssel, Tasse, Socke, Teebeutel …) in der Klasse.
Teilen Sie die Lerngruppe in mehrere Teams (mit maximal vier Spielern) auf. Jede Mannschaft bekommt die gleiche Liste mit Suchaufträgen, anhand derer sie die verteilten Gegenstände aufspüren soll. Die Liste ist folgendermaßen aufgebaut:

Findet …	gefundener Gegenstand	Was habt ihr gefunden?
etwas Weiches	der Schal	Wir haben einen Schal gefunden.
etwas Blaues		
etwas Leichtes		
etwas Buntes		
etwas Rundes		
etc.		

Die Schüler müssen in der Liste, wie im Beispiel dargestellt, eintragen, welche Gegenstände sie zu den Suchaufträgen gefunden haben. Sie sollen auch den dazugehörigen Artikel aufschreiben. Außerdem müssen sie in der dritten Spalte nach dem vorgegebenen Muster einen Satz mit dem Gegenstand formulieren.
Je nach Anzahl der Suchaufträge geben Sie den Schülern eine bestimmte Zeit vor, z. B. 5 Minuten. Während dieser Zeitspanne soll die Tabelle vollständig ausgefüllt werden. Es reicht nicht, bloß eine Sache zu nennen, auch der Satz muss formuliert werden. Für jeden gefundenen Gegenstand gibt es einen Punkt, pro korrektem Satz drei Punkte. Die Gruppe mit den meisten Punkten hat gewonnen.

Tipps

- Das Spiel eignet sich auch sehr gut für ein weiträumiges Umfeld, also den Schulhof oder das gesamte Schulgebäude. Geben Sie den Teams dabei mehr Zeit als für die Variante im Klassenraum, denn sie müssen weitere Wege zurücklegen. Wenn Sie draußen spielen, können Sie sehr gut Wortschatz aus der Natur einbeziehen.
- Sie können die Liste mit Suchaufträgen zu verschiedenen Materialien erweitern, also z. B. „etwas aus Metall" oder „etwas aus Holz".
- Lassen Sie jede Gruppe nach dem Suchspiel vorstellen, was sie zu welchem Punkt gefunden hat. Wenn Sie möchten, können Sie dabei mit Ihren Schülern den Dativ trainieren. Die Gruppen erzählen, wo sie ihre Gegenstände entdeckt haben, also z. B. „Wir haben einen Schal an der Garderobe gefunden" oder „Wir haben einen Anspitzer in Merles Etui gefunden."

Tischlein, deck dich

Thema: Richtungsangaben im Akkusativ, Präpositionen, Imperativformen

Wortfelder: Geschirr, Besteck

Klasse: 3. bis 13. Klasse

Niveaustufe: ab A2

Sozialform: in Gruppen gegeneinander (max. 24 Lerner)

Bewegungsintensität: 

Dauer: ca. 10 Minuten

Vorbereitung: Klassenraum in zwei Bereiche aufteilen, Materialien verteilen

Material: bewegliche Stellwände oder 1 Leine und Tücher, das gleiche Material zum Tischdecken (Tischdecke, Geschirr, Besteck, Servietten etc.) für jede Gruppe

So geht's

Teilen Sie den Raum in zwei Bereiche auf, indem Sie Pinnwände aufstellen oder über eine gespannte Leine lange Tücher hängen. Die Schüler bilden eine gerade Anzahl an Kleingruppen. Je zwei Gruppen tun sich zusammen und teilen sich auf die beiden Bereiche des Raums auf. Jedes Team steht an einem Tisch, auf dem das gleiche Material liegt. Die Gruppen in einem Bereich decken damit jeweils ihren Tisch in beliebiger Anordnung. Die Partner-Teams hinter der Abtrennung sehen nicht, was gemacht wird. Wenn der Tisch gedeckt ist, gibt die Gruppe den anderen Anweisungen (z. B.: „Stellt je zwei Teller an die langen Seiten des Tisches"), damit sie ihren Tisch genauso herrichten. Am Ende wird die Abtrennung entfernt und die Schüler überprüfen, ob sie alles richtig gemacht haben.

Tipp

Klären Sie vor dem Spiel die Lagebezeichnungen (rechts, links, neben, über, unter, zwischen, vor, hinter).

Variante

Sie können dieses Spiel auch gut mit geometrischen Formen durchführen. Geben Sie dazu jedem Team ein gleiches Set Moosgummiformen (verschiedenfarbige und unterschiedlich große Quadrate, Dreiecke etc.) Solche Formen sind für den Mathematikunterricht im Handel erhältlich. Eine Gruppe legt daraus ein Bild und erklärt es den anderen, die es nachbauen müssen.

Was ist anders?

Thema: Ortsangaben im Dativ

Wortfelder: Möbel, Einrichtungsgegenstände, Schulsachen, Kleidung

Klasse: 3. bis 13. Klasse

Niveaustufe: ab A2

Sozialform: alle zusammen

Bewegungsintensität:

Dauer: 5 bis 10 Minuten

Vorbereitung: –

Material: –

So geht's

Die Schüler dürfen sich 2 Minuten lang das Klassenzimmer anschauen, sich dabei aber keine Notizen machen. Sie sollen sich möglichst genau einprägen, was sich wo befindet, wie die Gegenstände aussehen, wie viele von einer Sorte vorhanden sind etc. Dann bestimmen Sie einige, die den Raum verlassen müssen. Diejenigen, die drinnen bleiben, verändern verschiedene Dinge, z. B. öffnen sie ein Fenster, legen ein Buch auf einen anderen Tisch, klappen die Tafel auf etc. Insgesamt sollte für 20 bis 30 Unterschiede gesorgt werden.
Um die Übersicht zu behalten, können Sie zwei (leistungsstärkere) Schüler auffordern, auf einem Zettel mitzuschreiben, was passiert. Danach rufen Sie die draußen Wartenden wieder herein. Diese Schüler dürfen immer abwechselnd eine Sache nennen, die sich verändert hat. Für jeden richtig formulierten Unterschied bekommt der Betreffende einen Punkt.

Tipp

Nach dem Spiel können Sie Ihre Lerngruppe bitten, aufzuräumen. Dazu benutzen Sie Sätze wie „Bitte lege die Bücher vom Tisch wieder ins Regal!" oder „Bitte schließe das Fenster wieder!" Die Schüler müssen diese Anweisungen umsetzen.

Varianten

- Sie können einige Gegenstände mitbringen, die nach der Einprägphase im Klassenraum verteilt werden. Dann müssen die Schüler aufzählen, was neu hinzugekommen ist.

- ⊙ Statt die Aufgabe mündlich zu bearbeiten, können die hereinkommenden Schüler 2 Minuten lang alle Unterschiede aufschreiben, die ihnen auffallen. Danach liest jeder vor, was er bemerkt hat. Für jede korrekte Beobachtung gibt es einen Punkt.
- ⊙ Um die draußen wartenden Schüler zu beschäftigen, können Sie Ihnen eine Liste mit kurzen Fragen zum Klassenraum austeilen, die sie entweder gemeinsam oder jeder für sich beantworten sollen. Darin geht es um ihre Beobachtungsgabe, z. B.:
  - → Wie viele Fenster hat der Raum?
  - → Welche Farbe hat das Plakat an der Tür?
  - → Was steht an der linken Tafelhälfte?

Modepüppchen

Thema: Akkusativ, Adjektivendungen

Wortfelder: Kleidungsstücke, Farben

Klasse: 3. bis 13. Klasse

Niveaustufe: ab A2

Sozialform: Einzelarbeit, alle zusammen

Bewegungsintensität: 🏃🏃

Dauer: 10 bis 15 Minuten

Vorbereitung: geeignete Bildvorlage auswählen und kopieren

Material: 2 identische Bildvorlagen pro Schüler (siehe z. B. KV auf S. 98 oder 99), Klebeband

So geht's

Geben Sie jedem Schüler eine Bildvorlage, z. B. die Zeichnung einer bekleideten Person. Jeder malt die Kleidungsstücke der Figur in verschiedenen Farben und Mustern an. Außerdem dürfen auch Gegenstände, wie Brille, Schmuck oder Handtasche, ergänzt werden. Wenn die Vorlage fertig gestaltet ist, klebt jeder sein Bild auf den Rücken seines Sitznachbarn. Geben Sie nun jedem eine weitere, nicht ausgemalte Bildvorlage in die Hand. Die Schüler laufen mit ihren Farbstiften und der Vorlage im Raum umher und beschreiben sich gegenseitig die Bilder auf ihren Rücken. Alles, was man von den Mitschülern über sein Bild erfährt, wird in der Vorlage eingezeichnet. Am Ende nimmt jeder Spieler die Bildvorlage von seinem Rücken und vergleicht sie mit seinem anhand der Beschreibungen ausgemalten Bild.

Tipps

- Legen Sie vor dem Spiel vier bis sechs Farben fest, die benutzt werden dürfen, damit die Schüler in der zweiten Phase nicht so viele verschiedene Stifte mitnehmen müssen. Es sollten Farben sein, die jeder als Stift in seinem Etui hat.
- Anspruchsvoller wird diese Aktivität, wenn Sie mehrere verschiedene Bildvorlagen verwenden. Achten Sie in diesem Fall darauf, dass jeder die zum Bild auf seinem Rücken passende Blankovorlage bekommt.
- Mit diesem Spiel können Sie auch beliebige andere Wortfelder (z. B. Schulsachen, Einrichtung eines Zimmers) trainieren. Wählen Sie dementsprechend passende Bildvorlagen aus.

Bildvorlage (1/2)

Illustration: Astrid Wilkesmann

Bildvorlage (2/2)

Illustration: Astrid Wilkesmann

© Verlag an der Ruhr | Autorin: Alexandra Piel | ISBN 978-3-8346-3226-5 | www.verlagruhr.de

Fasse etwas an, das ...

Thema: Komparativformen

Wortfeld: Adjektive zur Gegenstandbeschreibung

Klasse: 3. bis 6. Klasse

Niveaustufe: ab A2

Sozialform: alle zusammen

Bewegungsintensität: 🏃🏃

Dauer: 5 bis 10 Minuten

Vorbereitung: –

Material: beliebige Musik und Abspielmöglichkeit

So geht's

Die Schüler gehen, solange die Musik läuft, im Raum umher. Wenn die Musik stoppt, geben Sie einen Auftrag, z. B.: „Berühre etwas, das kleiner ist als ein Frosch!" oder „Berühre etwas, das härter ist als ein Pullover!" Die Schüler müssen so schnell wie möglich einen passenden Gegenstand ausfindig machen. Dabei darf eine Sache aber nur von einem Spieler angefasst werden.
Anschließend fragen Sie: „Was habt ihr gefunden?" Lassen Sie die Schüler im ganzen Satz antworten, z. B.: „Der Anspitzer ist kleiner als ein Frosch" oder „Der Ring ist kleiner als ein Frosch."
Danach schalten Sie die Musik wieder ein, geben einen neuen Suchauftrag und die Schüler laufen erneut im Raum umher. Spielen Sie mehrere Runden, wie oben beschrieben.

Tipp

In großen Gruppen sollten Sie sich gezielt bei einigen erkundigen, was sie gefunden haben. Wenn alle antworten, würde das zu lange dauern.

Variante

Sie können daraus ein Spiel mit Zeitlimit machen. Alle, die innerhalb von 30 Sekunden (oder 1 Minute) nichts Passendes gefunden haben, scheiden aus und müssen sich hinsetzen.

Bewegte Farben

Thema: Aufforderungen verstehen und umsetzen, Dativ

Wortfelder: Farben, Bewegungsabläufe, Richtungen

Klasse: 3. bis 6. Klasse

Niveaustufe: ab A1

Sozialform: alle zusammen

Bewegungsintensität:

Dauer: 5 bis 10 Minuten

Vorbereitung: Farbkarten erstellen

Material: 1 Farbkarte pro Schüler, beliebige Musik und Abspielmöglichkeit

So geht's

Jeder Schüler bekommt eine Farbkarte. Insgesamt sollten vier bis sechs verschiedene Farben im Spiel sein.
Alle laufen im Raum umher, solange die Musik läuft. Sobald die Musik stoppt, geben Sie eine Anweisung, z. B.: „Alle mit einer roten Karte setzen sich hin" oder „Alle mit einer grünen Karte gehen in die Hocke" oder „Alle mit einer weißen Karte gehen auf den Flur." Nachdem der Auftrag von den betreffenden Schülern ausgeführt worden ist, gehen wieder alle zur Musik im Raum umher. Sobald die Musik aufhört, bekommen die Schüler die nächste Anweisung.

Tipp

Sie können die Arbeitsaufträge auch komplexer gestalten und Aufforderungen nennen wie „Alle mit einer roten Karte schreiben ein Lebensmittel an die Tafel" oder „Alle mit einer blauen Karte bilden einen Satz mit einem Adjektiv" o. Ä. So bietet die Spielidee für fortgeschrittene Lerner ebenfalls genügend Herausforderungen.

Versteckte Buchstaben

Thema: Ortsangaben im Dativ, Präpositionen

Wortfelder: Ortsbezeichnungen, Einrichtung im Klassenraum

Klasse: 3. bis 13. Klasse

Niveaustufe: ab A1

Sozialform: alle zusammen

Bewegungsintensität:

Dauer: ca. 5 Minuten

Vorbereitung: Papierstreifen mit Buchstaben und Lösungshinweisen erstellen und verstecken

Material: Papierstreifen mit Buchstaben und Lösungshinweisen

So geht's

Denken Sie sich ein beliebiges Wort aus, das die Lerner in diesem Spiel herausfinden müssen. Erstellen Sie dann eine Tabelle nach unten stehendem Muster. Links steht ein Buchstabe des Lösungswortes, rechts ein Hinweis darauf, wo ein weiterer Buchstaben gefunden werden kann. Schneiden Sie die Zeilen aus und falten Sie jeden Papierstreifen in der Mitte aufeinander.

---	erster Hinweis, z. B. „Ihr findet einen Buchstaben unter einem Stuhl."
ein Buchstabe des Lösungswortes	Hinweis auf einen weiteren Buchstaben
ein Buchstabe des Lösungswortes	Hinweis auf einen weiteren Buchstaben
...	...
ein Buchstabe des Lösungswortes	---

Verstecken Sie alle Papierstreifen bis auf den ersten, wenn die Schüler noch nicht im Raum sind. Während des Spiels sitzen alle auf ihren Plätzen. Lesen Sie den ersten Hinweis vor und fordern Sie zwei Spieler auf, den Buchstaben zu suchen. Wenn die beiden ihn gefunden haben, liest einer von ihnen den Hinweis vor, der auf der Rückseite steht. Wieder können sich einige Mitspieler auf die Suche nach dem nächsten Papierstreifen machen. So geht es weiter, bis zum Schluss ein Buchstabe ohne Hinweis entdeckt wird. Nun sind alle Teile des Lösungswortes vorhanden und die Schüler können es erraten.

⚠ Tipps

- Sie sollten die Kärtchen nicht in der Reihenfolge des Lösungswortes suchen lassen, weil es sonst zu leicht erraten wäre. Um die Spannung beim Spiel so lange wie möglich aufrechtzuhalten, lassen Sie die gefundenen Buchstaben nur nennen. Danach wird sofort nach dem nächsten gesucht. Erst wenn die Suche beendet ist, schreiben Sie alle Buchstaben an die Tafel. Daraus muss das Lösungswort zusammengebastelt werden.
- Lassen Sie leistungsstarke Schüler das Spiel vorbereiten und die Buchstaben verstecken.

Schatzsuche

Thema: Dativ, Ortsangaben, Präpositionen, Fragen stellen

Wortfeld: Einrichtung im Klassenraum

Klasse: 3. bis 6. Klasse

Niveaustufe: ab A2

Sozialform: alle zusammen (max. 20 Lerner)

Bewegungsintensität:

Dauer: 5 bis 10 Minuten

Vorbereitung: Schokoladentaler im Klassenraum verstecken

Material: 10 bis 20 goldene Schokoladentaler

So geht's

Verstecken Sie die Schokoladentaler vor Unterrichtsbeginn an verschiedenen Stellen im Raum, z. B. in einer Tasche, unter einem Tisch, hinter dem Vorhang. Wenn die Schüler in die Klasse kommen, fordern Sie sie zur Schatzsuche auf. Abwechselnd stellt jeder eine Frage, ob sich ein Goldstück an einem bestimmten Ort befindet, z. B.: „Ist ein Taler hinter der Tür?" oder „Liegt ein Taler auf dem Regal?" Wenn das der Fall ist, darf sich der Fragensteller auf die Suche danach machen. Wer den Goldtaler gefunden hat, darf ihn behalten. Sollte jemand beim Suchen zufällig einen anderen Taler entdecken, darf er das Versteck nicht verraten. Erst wenn er wieder an der Reihe ist, darf er nach dem betreffenden Ort fragen und sich den Taler holen.

Tipps

- Sammeln Sie in schwächeren Lerngruppen verschiedene Versteckmöglichkeiten an der Tafel. Schreiben Sie alle Artikel zu den Substantiven und lassen Sie die Schüler die Dativformen dazu bilden, z. B.: „die Tasche – in der Tasche".
- Statt Schokotalern können Sie natürlich auch Gegenstände aus einem bestimmten Wortfeld in der Klasse verstecken. Listen Sie die im Spiel vorkommenden Dinge als Hilfe für die Schüler an der Tafel auf.

Ketten-Aufforderungen

Thema: Imperativformen, Präpositionen, Akkusativ

Wortfelder: Verben der Bewegung, Richtungen

Klasse: 3. bis 13. Klasse

Niveaustufe: ab A2

Sozialform: alle zusammen (max. 12 Lerner)

Bewegungsintensität: 🏃🏃

Dauer: 5 bis 10 Minuten

Vorbereitung: –

Material: –

So geht's

Fordern Sie einen beliebigen Schüler zu einer Handlung auf, z. B.: „Faruk, setz dich auf den Stuhl neben der Heizung." Das macht der aufgeforderte Schüler entsprechend. Dazu erklären Sie: „Faruk hat sich auf den Stuhl neben der Heizung gesetzt." Bitten Sie nun die Lerngruppe, dies zu wiederholen. Dann sprechen Sie jemand anderen an und geben ihm eine neue Aufgabe, z. B.: „Stelle dich hinter Faruk und lege deine rechte Hand auf seine linke Schulter." So entsteht eine Kette, in der die Lerngruppe jeweils wiederholt, was im vorherigen Schritt geschehen ist. Nun folgt eine weitere Anweisung an jemand anderen. Zum Schluss befinden sich alle Schüler in unterschiedlichen Positionen im Klassenraum.

Tipp

Achten Sie während des Spiels darauf, dass jeder in der Position, in der er aufgestellt wurde, bleibt.

Variante

Statt das Spiel selbst anzuleiten, können Sie den Schülern auch Kärtchen mit

Start: Setze dich auf den Stuhl neben der Heizung.	Ein Schüler hat sich auf den Stuhl neben der Heizung gesetzt. Stelle dich hinter ihn und lege deine rechte Hand auf seine linke Schulter.

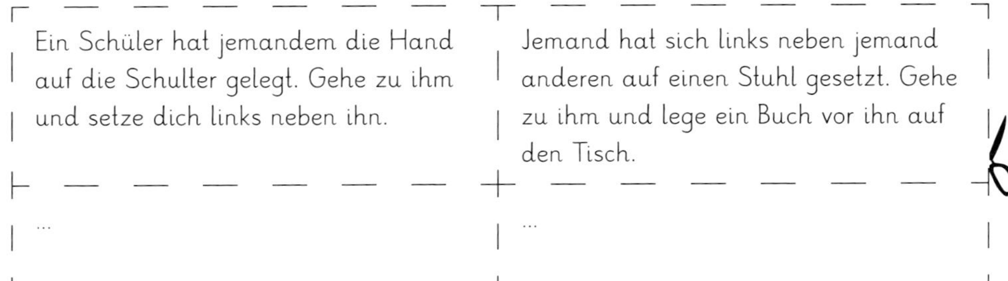

Ein Schüler hat jemandem die Hand auf die Schulter gelegt. Gehe zu ihm und setze dich links neben ihn.

Jemand hat sich links neben jemand anderen auf einen Stuhl gesetzt. Gehe zu ihm und lege ein Buch vor ihn auf den Tisch.

...

...

Anweisungen austeilen. Diese sind nach folgendem Schema gestaltet: Schneiden Sie die Kärtchen aus und geben Sie jedem Schüler eins. Derjenige, der die Startkarte hat, beginnt. Er liest die erste Anweisung vor und führt sie aus. Derjenige, der die daran anschließende Karte hat, macht weiter.

Bewegungswürfel

Thema: Imperativformen, Aufforderungen verstehen und umsetzen

Wortfeld: Bewegungsabläufe

Klasse: 3. bis 6. Klasse

Niveaustufe: ab B1

Sozialform: Partnerarbeit

Bewegungsintensität: 🏃🏃🏃

Dauer: 5 bis 10 Minuten

Vorbereitung: –

Material: 1 Würfel pro 2er-Team

 So geht's

Die Schüler arbeiten paarweise zusammen. Einer formuliert einen Bewegungsauftrag, der andere würfelt. Er muss den genannten Auftrag entsprechend seiner gewürfelten Zahl ausführen: Hat er eine Eins geworfen, muss er den Auftrag einmal erledigen, bei einer Zwei 2-mal etc. Danach nennt dieser Schüler eine neue Aufgabe und sein Partner muss würfeln. So geht es immer abwechselnd.
Hier einige Anregungen für Bewegungsaufträge:

- Kniebeugen machen
- um den Tisch herumlaufen
- auf einem Bein zur Tafel hüpfen
- Hampelmannsprünge machen

 Tipps

- Für leistungsschwächere Schüler können Sie Karten mit Anweisungen in Imperativform vorbereiten, die vorgelesen werden müssen.
- In der Turnhalle könnten Sie auch Sportgeräte für Bewegungsaufträge nutzen, also z. B. Seilchen springen, einen Ball dribbeln oder einen Reifen rollen.

 Variante

Wenn Sie mit der ganzen Gruppe zusammen spielen wollen, können Sie durch das Würfeln auch ermitteln lassen, wie viele Schüler den Auftrag jeweils ausführen müssen.

Lücken auf dem Rücken

Thema: Deklination (Artikel, Adjektiv, Substantiv)

Wortfeld: beliebig

Klasse: 5. bis 13. Klasse

Niveaustufe: ab A1

Sozialform: alle zusammen

Bewegungsintensität: 🏃🏃

Dauer: 5 bis 10 Minuten

Vorbereitung: Lückensätze vorbereiten

Material: 1 Blatt mit Lückensätzen und 1 andersfarbiger Stift pro Schüler, Klebeband

So geht's

Bereiten Sie für jeden Schüler ein Arbeitsblatt in großer Schrift (mindestens 18 pt) vor. Schreiben Sie mehrere Sätze mit Lücken darauf. Sie können entweder Endungen oder vollständige Wörter weglassen, z. B.:

- Er möchte gern ein .... klein .... Hund haben.
- Sie wollen Urlaub in .... Stadt machen.

Jeder bekommt ein Blatt und klebt es sich mit Klebeband auf den Rücken. Geben Sie nun jedem Spieler einen andersfarbigen Stift.
Alle bewegen sich im Raum umher und versuchen die Lückensätze bei ihren Mitschülern auszufüllen. Dabei gilt die Regel, dass man auf einem Blatt nur zwei Aufgaben lösen darf. Danach muss man sich einen neuen Partner suchen. Es ist auch möglich, bereits von anderen ausgefüllte Lücken zu korrigieren.
Nach dem Spiel werden die Zettel vom Rücken genommen, im Plenum vorgelesen und gegebenenfalls berichtigt.

Tipps

- Spielen Sie selbst mit. Dabei können Sie Sätze markieren, in denen es Fehler gibt, um die Schüler zur Korrektur anzuregen.
- Benutzen Sie keine Filzstifte, um Flecken auf der Kleidung zu vermeiden.

Variante

Anspruchsvoller ist folgende Variante: Schreiben Sie statt Lückensätzen einzelne Wörter auf die Karten. Die Schüler ergänzen dazu jeweils einen Satz.

Schnittmenge bilden

Thema: Relativsätze

Wortfelder: Vorlieben, Fähigkeiten, Familienangehörige, Kleidungsstücke

Klasse: 3. bis 13. Klasse

Niveaustufe: ab A1

Sozialform: alle zusammen

Bewegungsintensität: 🏃🏃

Dauer: 5 bis 10 Minuten

Vorbereitung: Springseile zu Schnittkreisen auf dem Boden auslegen

Material: 2 Springseile, beliebige Musik und Abspielmöglichkeit

So geht's

Vorn im Klassenraum liegen zwei Springseile als Schnittkreise auf dem Fußboden. Solange die Musik läuft, gehen alle im Raum umher. Wenn Sie die Musik stoppen, nennen Sie den ersten Auftrag, z. B.: „Alle, die eine Brille haben, gehen in den linken Kreis." Die betreffenden Schüler stellen sich im linken Kreis auf. Danach geben Sie den zweiten Auftrag, z. B.: „Alle, die eine blaue Jeans tragen, gehen in den rechten Kreis.". Auch diese Spieler begeben sich in den entsprechenden Kreis. Diejenigen, auf die beide Merkmale (also Brille und Jeans) zutreffen, stellen sich in die Schnittmenge. Danach wird die Musik wieder eingeschaltet und Sie (oder ein Schüler) nennen die nächsten Sortieraufgaben.

Hier einige Ideen dafür:

- Alle, die einen Bruder/eine Schwester haben
- Alle, die Arabisch sprechen
- Alle, die gern Sport machen
- Alle, die gern Bananen essen
- Alle, die lange Haare haben
- Alle, die gut in Mathe sind

Tipp

Zwischendurch können Sie einzelne Spieler, die in der Schnittmenge stehen, fragen: „Warum bist du in der Mitte/Schnittmenge?" Die Schüler sollten darauf mit einem Weil-Satz antworten, z. B.: „Ich stehe in der Mitte, weil ich eine Brille habe und eine blaue Jeans trage."

Satzstreifen unterwegs

Thema: Satzbau (Haupt- und Nebensätze)

Wortfeld: beliebig

Klasse: 3. bis 13. Klasse

Niveaustufe: ab A2

Sozialform: Partnerarbeit, alle zusammen

Bewegungsintensität:

Dauer: 5 bis 10 Minuten

Vorbereitung: Satzstreifen vorbereiten

Material: 1 Satzstreifen pro Schüler, beliebige Musik und Abspielmöglichkeit

So geht's

Bereiten Sie auf einzelnen Papierstreifen Sätze nach folgendem Muster vor. Halbieren Sie die Satzstreifen und schneiden Sie jede Satzhälfte einzeln aus. Achten Sie darauf, dass es mehrere Kombinationsmöglichkeiten gibt:

Ich brauche einen Regenschirm,	weil es regnet.
Er zieht eine Jacke an,	weil er friert.
Er geht nach Hause,	weil er noch arbeiten muss.

Daraus könnten verschiedene Sätze gebildet werden, wie bspw.:
- Er zieht eine Jacke an, weil er friert.
- Er zieht eine Jacke an, weil es regnet.
- Er geht nach Hause, weil es regnet.
- Er geht nach Hause, weil er friert.

Jeder Schüler bekommt einen Satzstreifen. Solange die Musik läuft, bewegt sich jeder damit im Raum. Sobald die Musik stoppt, versuchen alle einen Partner zu finden, sodass sich aus beiden Textstreifen ein korrekter Satz ergibt. Wenn solch ein Satz gebildet werden kann, rufen die beiden Spieler „Stopp" und schreiben ihn an die Tafel. Danach tauschen alle ihre Satzstreifen und die Musik setzt wieder ein. Sobald sie wieder ausgeschaltet wird, versuchen die Spieler weitere Sätze zusammenzufügen. Diese werden ebenfalls angeschrieben. So können Sie mehrere Durchgänge spielen.

Tipps

- Besonders viele Sätze lassen sich bilden, wenn Sie nur ein oder zwei verschiedene Personalpronomen bzw. Subjekte in den Satzstreifen verwenden.
- Sie können das Spiel erleichtern, indem Sie Haupt- und Nebensätze auf verschiedenfarbiges Papier schreiben bzw. ausdrucken.

Variante

Jeder Spieler erhält einen Satzstreifen und läuft damit im Raum umher. Entweder bekommen alle einen Haupt- oder einen Nebensatz. Die anderen Satzhälften liegen auf dem Boden oder hängen mit Klebeband befestigt an der Wand. Jeder versucht sie so mit seinem eigenen Fragment zu kombinieren, dass ein sinnvoller neuer Satz entsteht. Alle gefundenen Sätze (es sollte also auch hier unbedingt mehrere Kombinationsmöglichkeiten geben) werden im Heft notiert. Nach 3 Minuten geben Sie ein Signal mit dem Gong, und die Schüler setzen sich wieder auf ihre Plätze. Dann werden die gebildeten Sätze vorgelesen.

Der schnellste Nebensatz gewinnt

Thema: Satzbau (Haupt- und Nebensätze)

Wortfeld: beliebig

Klasse: 5. bis 13. Klasse

Niveaustufe: ab A2

Sozialform: alle zusammen

Bewegungsintensität: 

Dauer: 5 bis 10 Minuten

Vorbereitung: Satzstreifen vorbereiten

Material: 4 Satzstreifen pro Schüler (3 Nebensätze, 1 Hauptsatz), 1 Buzzer/Tischklingel

So geht's

Erstellen Sie mehrere Papierstreifen, auf denen jeweils entweder ein Haupt- oder ein Nebensatz steht. Insgesamt benötigen Sie mindestens 3-mal so viele Nebensatzstreifen, wie es Schüler gibt, sowie einen Hauptsatzstreifen pro Lerner. Zu einem Hauptsatz müssen also mehrere Nebensätze passen.
Hier zwei Beispiele:

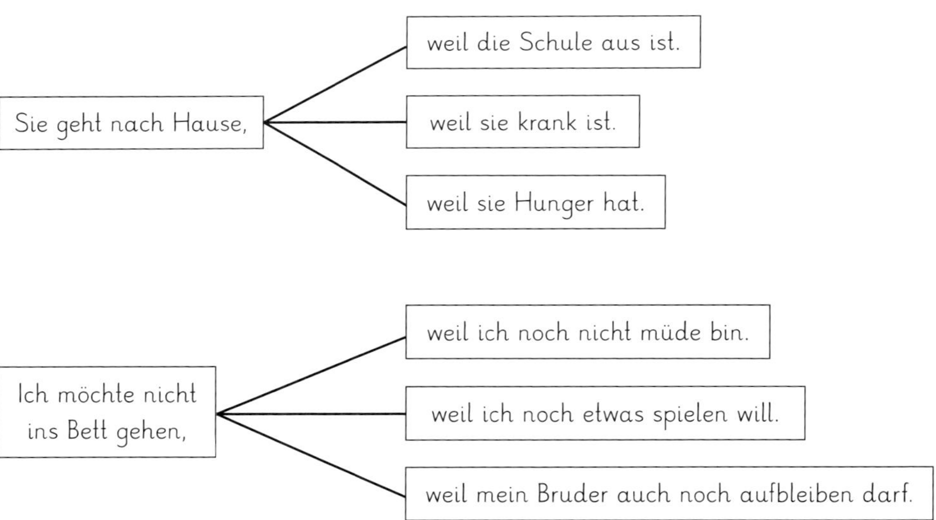

Mischen Sie die Nebensatzstreifen durch und teilen Sie jedem Schüler drei davon aus. Die Spieler bilden einen großen Kreis, in dessen Mitte ein Tisch steht. Darauf liegen die Hauptsatzstreifen verdeckt auf einem Stapel und daneben steht ein Buzzer.

Der älteste Schüler beginnt: Er geht zum Tisch, zieht einen Hauptsatz vom Stapel und liest ihn laut vor. Alle kontrollieren ihre Nebensatzstreifen: Wer glaubt, einen passenden Nebensatz zu haben, rennt so schnell wie möglich zum Tisch und drückt auf den Buzzer. Derjenige, der als Erstes den Buzzer berührt hat, darf seinen Satzteil vorlesen. Passt er zum aufgedeckten Hauptsatz, bekommt der Schüler einen Punkt. Sollte kein korrekter Satz entstehen, darf der zweitschnellste Spieler seinen Nebensatz vorlesen.
Derjenige Spieler, der einen passenden Nebensatz vorgelesen hat, darf nun den nächsten Hauptsatz aufdecken und vorlesen. So beginnt eine neue Runde und es geht wie oben beschrieben weiter, bis alle Hauptsätze aufgedeckt sind.

Tipp

Achten Sie darauf, dass die Schüler im Laufe des Spiels nicht immer weiter an den Tisch mit dem Buzzer heranrücken und so ihren Laufweg verkürzen. Der Kreis sollte die ganze Zeit gleich groß bleiben, sodass alle Schüler einen gleich großen Abstand zum Buzzer haben.

Wenn es regnet ...

Thema: Konditionalsätze

Wortfeld: Wetter

Klasse: 5. bis 13. Klasse

Niveaustufe: ab B1

Sozialform: Einzel-/Partnerarbeit, alle zusammen

Bewegungsintensität: 

Dauer: 15 bis 20 Minuten

Vorbereitung: 2 DIN-A4-Blätter beschriften

Material: 1 dicker Filzstift, Klebeband

So geht's

Lassen Sie die Schüler in Einzel- oder Partnerarbeit Wenn-Sätze nach folgendem Muster formulieren. Sie können ein beliebiges Thema, z. B. Wetter, vorgeben.

- „Wenn es regnet, gehe ich nicht gern nach draußen."
- „Wenn draußen sehr heiß ist, fühle ich mich nicht wohl."
- „Wenn es schneit, fahre ich gern Ski oder Schlitten."

Jeder schreibt seine Sätze auf einzelne Zettel oder Papierstreifen. Beschriften Sie währenddessen je ein DIN-A4-Blatt mit „Ich stimme zu" und „Ich stimme nicht zu". Hängen Sie die Blätter in zwei verschiedene Ecken des Klassenraumes. Wenn die Schüler genügend Sätze formuliert haben (ca. drei bis fünf pro Spieler), stellen sich alle in die Mitte des Raumes. Die Sätze werden dort auf einem Stapel
abgelegt. Ein Spieler nimmt den obersten Satz und liest ihn vor. Die Übrigen stellen sich je nach ihrer Meinung bei „Ich stimme zu" oder „Ich stimme nicht zu" auf. Danach liest der nächste einen Satz vor, wieder positionieren sich alle, usw.

Tipp

Schneller geht es, wenn Sie die Sätze vor dem Spiel vorbereiten.

Onkel Otto auf Plakaten

Thema: Satzbau (Nebensätze)

Wortfeld: beliebig

Klasse: 5. bis 13. Klasse

Niveaustufe: ab B1

Sozialform: Partnerarbeit (max. 14 Lerner)

Bewegungsintensität:

Dauer: ca. 10 Minuten

Vorbereitung: Plakate beschriften und aufhängen

Material: 4–7 Plakate (DIN A3), 1 dicker Filzstift pro 2er-Team, Klebeband

So geht's

Schreiben Sie ganz oben auf jedes der Plakate einen Satzanfang, an den sich ein Nebensatz anschließt, z. B.:

- Onkel Otto isst kein Fleisch, weil …
- Wir fahren in die Stadt, obwohl …
- Meine Schwester trinkt einen Kaffee, nachdem …

Hängen Sie die Poster mit möglichst großem Abstand voneinander im Klassenraum auf.
Die Schüler finden sich zu zweit zusammen. Jedes Paar geht mit einem dicken Filzstift zu einem der Plakate. Es soll eine Ergänzung zu dem Satzanfang aufgeschrieben werden, z. B.:

- Onkel Otto isst kein Fleisch, weil es teuer ist.

Die Schüler notieren ihre Ergänzung ganz unten auf dem Plakat. Danach wird das Plakat so umgeknickt, dass die Satzergänzung nicht mehr zu lesen ist. Lediglich der vorformulierte Satzanfang ist noch sichtbar. Wer einen Satz hinzugefügt hat, geht im Uhrzeigersinn zum nächsten Poster. Wieder muss ein Satz zu dem dort stehenden Anfang formuliert und umgeknickt werden.
Das Spiel endet, wenn alle Paare auf jedes Plakat einen Satz geschrieben haben. Danach werden die Poster im Plenum auseinandergefaltet und gemeinsam korrigiert.

Tipps

- Teilen Sie größere Lerngruppen in zwei bis drei Kleingruppen auf. Diese arbeiten jeweils in einer Ecke des Raumes. Bereiten Sie für jedes Team die gleichen DIN-A3-Plakate mit Satzanfängen vor und legen Sie diese auf

Tischen, Fensterbänken oder dem Fußboden aus. Die Schüler bearbeiten nun innerhalb ihrer Gruppe in Einzelarbeit die verschiedenen Sätze, wie oben beschrieben.

⊙ Sie können verschiedene Arten von Nebensätzen vorgeben oder diverse Sätze mit der gleichen Konjunktion formulieren.

Wort auf dem Rücken

Thema: Satzbau

Wortfeld: beliebig

Klasse: 7. bis 13. Klasse

Niveaustufe: ab B1

Sozialform: Partner-/Gruppenarbeit

Bewegungsintensität: 

Dauer: ca. 5 Minuten

Vorbereitung: Wortkarten erstellen

Material: 1 Wortkarte pro Schüler, Klebeband, beliebige Musik und Abspielmöglichkeit

So geht's

Alle kleben sich gegenseitig mit Klebeband eine Wortkarte auf den Rücken (das können Verben oder Nomen sein, oder anspruchsvoller auch Pronomen oder Konjunktionen). Niemand darf sein Wort vorher sehen. Danach bewegen sich die Schüler zur Musik im Raum. Sobald die Musik aufhört, kommen sie in 2er- oder 3er-Gruppen zusammen. Sie zeigen sich gegenseitig ihre Wörter und formulieren zu jedem Begriff jeweils einen möglichst langen Satz, in dem er vorkommt. Dann setzt die Musik wieder ein und die Schüler bewegen sich weiter. Sobald die Musik aussetzt, kommen sie erneut zu zweit oder dritt zusammen. Es geht weiter, wie bereits beschrieben. Jeder soll herausfinden, welches Wort er auf dem Rücken hat. Er muss also bei den Sätzen der Mitschüler gut zuhören und sich merken, welche Wörter darin vorgekommen sind. In jeder Runde darf man einen Rateversuch unternehmen. Wer seinen Begriff herausgefunden hat, kann mit einem anderen Schüler, der ebenfalls erfolgreich war, die Karte tauschen oder bekommt von Ihnen eine neue Wortkarte.

Tipp

Lassen Sie Schüler entsprechende Karten erstellen und auf dem Rücken ihres Sitznachbarn befestigen. Dabei sollten Sie Ihnen aber Hinweise geben, welche Wörter sich gut für dieses Spiel eignen.

Satz-Puzzle

Thema: Satzbau (Hauptsatz und Nebensatz)

Wortfeld: beliebig

Klasse: 3. bis 13. Klasse

Niveaustufe: ab A1

Sozialform: Gruppenarbeit

Bewegungsintensität: 

Dauer: 5 bis 10 Minuten

Vorbereitung: Sätze aufschreiben, als Lösungszettel ausdrucken, Sätze zerschneiden

Material: zerschnittene Sätze, 1 Briefumschlag für jeden Satz, evtl. Klebeband, Lösungszettel

So geht's

Schreiben Sie mehrere Sätze in großer Schrift und mit genügend Abstand voneinander auf ein Blatt Papier. Drucken Sie es 2-mal aus. Ein Ausdruck ist der Lösungszettel, den anderen zerschneiden Sie Satz für Satz. Zerteilen Sie außerdem jeden Satz Wort für Wort und legen Sie die Wortschnipsel jeweils in einen Briefumschlag. Verteilen Sie die Umschläge an unterschiedlichen Tischen im Raum.
Die Schüler bilden Kleingruppen und begeben sich zu einem der Tische. Dort nehmen Sie die Wortschnipsel aus dem Umschlag und ordnen sie in der richtigen Reihenfolge an. Anschließend vergleichen sie ihr Ergebnis mit dem Lösungszettel und vermischen die Satzteile wieder, sodass andere Schüler die Aufgabe lösen können. Danach geht jedes Team zu einem anderen Tisch und versucht, den nächsten Satz zusammenzubauen.

Tipp

Lassen Sie die Spieler die Sätze, die sie gefunden haben, in ihrem Heft aufschreiben. Das festigt den Satzbau. Allerdings müssen Sie dafür mehr Zeit einplanen als oben angegeben.

Varianten

- Einfacher wird die Übung, wenn Sie die Sätze nach Satzgliedern und nicht in einzelne Wörter zerschneiden.
- Eine weitere Hilfe für die Schüler ist es, wenn Sie jeweils das erste Wort eines Satzes markieren.

Lebende Sätze

Thema: Satzbau

Wortfeld: beliebig

Klasse: 3. bis 13. Klasse

Niveaustufe: ab A1

Sozialform: alle zusammen (max. 20 Lerner)

Bewegungsintensität: 

Dauer: 5 bis 10 Minuten

Vorbereitung: Wortkarten erstellen

Material: Wortkarten (ca. DIN A6), 1 dicker Filzstift

So geht's

Denken Sie sich einen beliebigen Satz aus. Dieser darf nicht mehr Wörter haben, als Schüler in der Klasse sind. Schreiben Sie die Wörter des Satzes mit einem dicken Filzstift einzeln auf je eine Karteikarte. Verteilen Sie an einige Schüler der Lerngruppe je eine Karte (das Subjekt und das Prädikat, ggf. auch das Objekt). Sie sollen sich mit ihren Wörtern vorn an der Tafel aufstellen, sodass ein korrekter Satz entsteht. Die Übrigen schauen zu und geben Hinweise, welches Wort wohin gehört.
Nach dem Aufstellen eines Aussagesatzes, z. B. „Er geht am Montag um acht Uhr in die Schule", können Sie diesen als Frage „Geht er am Montag um acht Uhr in die Schule?" formieren lassen.
Teilen Sie danach weitere Wortkarten (z. B. mit „nicht", „wieder", nächsten" beschriftet) an noch sitzende Schüler aus. Diese müssen sich mit ihrem Wort an einer passenden Stelle in dem Satz einreihen.

Tipps

- Einfacher wird es, wenn Sie nicht einzelne Wörter, sondern Satzglieder auf die Karten schreiben. Um den Satz übersichtlicher zu gestalten, können Sie für die verschiedenen Satzglieder unterschiedliche Farben wählen.
- Schreiben Sie auf einer Seite der Karte das Wort mit kleinem, auf der anderen Seite mit großem Anfangsbuchstaben (außer Substantive). So können die Kärtchen je nach Bedarf am Satzanfang oder im Satz benutzt werden.
- Bereiten Sie für die Satzzeichen jeweils eigene Karten vor.
- Lassen Sie Schüler, die noch sitzen, Karten mit zum Satz passenden Wörtern beschriften. Anschließend fügen sie sich mit ihrer Wortkarte in den bereits aufgestellten Satz ein.

- Genau wie der Satz langsam erweitert wird, können Sie ihn auch Schritt für Schritt wieder abbauen lassen, sodass am Schluss nur noch der Satzkern von Subjekt und Prädikat übrig bleibt.
- Als Anschlussaktivität an diese Aufstellübung bietet sich ein Satz-Puzzle an (vgl. S. 118). Geben Sie den Schülern paarweise Briefumschläge mit Satzschnipseln, die sie zu korrekten Sätzen zusammenfügen müssen.

Variante

Wenn Sie einen Satz aufgestellt haben, können Sie die noch sitzenden Schüler bitten, Wortkarten zu erstellen, mit denen man bestimmte Satzglieder ersetzen kann. So können Sie nach dem Prinzip des Generativen Schreibens immer neue Varianten eines Satzes bilden. Aus „Er geht am Montag um acht Uhr in die Schule" könnte dann z. B. werden: „Sie geht am Dienstag um fünf Uhr in die Stadt" oder „Meine Schwester geht am Mittwoch um drei Uhr in die Tanzgruppe."

Von Satz zu Satz

Thema: Satzbau

Wortfeld: beliebig

Klasse: 5. bis 13. Klasse

Niveaustufe: ab A2

Sozialform: Einzelarbeit

Bewegungsintensität: 🏃🏃

Dauer: ca. 10 Minuten

Vorbereitung: –

Material: viele leere Zettel (ca. DIN A6), Klebeband

So geht's

Jeder Schüler bekommt einen leeren Zettel und schreibt einen beliebigen Satz aus dem Sprach- bzw. Lesebuch darauf. Dann kreist er irgendein Wort in diesem Satz ein und befestigt seinen Zettel mit Klebeband oben an der Tafel. Danach sucht er sich einen anderen dort von einem Mitschüler aufgehängten Zettel aus. Diesen lässt er an der Tafel hängen, merkt sich aber das darauf eingekreiste Wort und formuliert auf einem neuen Zettel einen neuen Satz, in dem dieses Wort vorkommt. Auch in diesem Satz wird ein Wort eingekreist. Danach hängt der Schüler den neuen Zettel unter den Ausgangssatz. Nun sucht er sich einen beliebigen anderen aushängenden Satz aus.
So hangeln sich alle Schüler immer weiter von Satz zu Satz und die Tafel füllt sich.

Tipp

Achten Sie darauf, dass die ersten Sätze weit oben an die Tafel gehängt werden, damit möglichst viele weitere darunterpassen.

Variante

Sprachlich fitte Schüler können bei diesem Spiel mit einem Partner am Platz arbeiten. Die beiden bilden immer abwechselnd einen Satz und markieren darin ein Wort, das der andere für den nächsten Satz benutzen muss.

Korrekturwimmeln

Thema: Fehlerkorrektur (Grammatik, Rechtschreibung, Wortschatz)

Wortfeld: beliebig

Klasse: 3. bis 13. Klasse

Niveaustufe: ab A1

Sozialform: Einzelarbeit, Partnerarbeit, alle zusammen

Bewegungsintensität:

Dauer: 5 bis 10 Minuten

Vorbereitung: Arbeitsblatt mit Fehlersätzen erstellen, kopieren, in Satzstreifen zerschneiden

Material: 1 Fehlersatz und 1 Arbeitsblatt mit allen Fehlersätzen pro Schüler, 1 Gong

So geht's

Geben Sie jedem Schüler einen Papierstreifen mit einem Fehlersatz. Die Anzahl und Komplexität der Fehler richtet sich nach dem Lernstand der Gruppe. Der Satz sollte mit großem Zeilenabstand und einem großzügigen Korrekturrand geschrieben sein. Zunächst probiert jeder, seinen Satz selbst zu korrigieren. Dann geben Sie ein Signal mit dem Gong. Alle laufen im Raum umher und suchen sich einen Partner. Die beiden tauschen ihre Textstreifen und versuchen jeweils, den neuen Satz zu korrigieren. Danach geht es entsprechend mit einem anderen Partner weiter. So gibt es mehrere Korrekturdurchgänge. Anschließend besprechen Sie die Sätze noch einmal im Plenum. Teilen Sie dafür jedem ein Arbeitsblatt mit allen Fehlersätzen aus und rufen Sie jemanden auf, der einen Satz korrigiert. Jeder Schüler notiert die Verbesserungen auf seinem Arbeitsblatt, sodass er am Ende alle korrekten Sätze zusammenhat.

Tipps

- Stellen Sie den Schülern Hilfsmittel, wie Wörterbücher, Grammatiktabellen etc., zur Verfügung, damit sie beim Korrigieren nachschlagen können.
- Halten Sie einige zusätzliche Fehlersätze bereit. Schnelle bzw. leistungsstärkere Schüler, die sich sicher sind, ihren Satz komplett korrigiert zu haben, bekommen so eine weitere Herausforderung.
- Wenn Sie eine sehr heterogene Lerngruppe haben, können Sie zwei bis drei Kleingruppen bilden, die jeweils gegenseitig ihre Fehlersätze korrigieren. Dazu bereiten Sie Fehlersätze auf unterschiedlichem Niveau vor und verteilen sie entsprechend.
- Sie können auch einige korrekte Satzstreifen untermischen.

Abfragen mit Zahlen

Thema: Abfrage beliebiger Grammatikinhalte

Wortfeld: beliebig

Klasse: 3. bis 13. Klasse

Niveaustufe: ab A1

Sozialform: alle zusammen

Bewegungsintensität: 

Dauer: 5 bis 10 Minuten

Vorbereitung: Zahlenkarten erstellen

Material: 1 Zahlenkarte pro Schüler, davon je die Hälfte in einer anderen Farbe, beliebige Musik und Abspielmöglichkeit

So geht's

Bereiten Sie für jeden Schüler aus Ihrer Lerngruppe eine Zahlenkarte vor. Jede Zahl (von 1 bis x) sollte 2-mal vorkommen, und zwar in zwei verschiedenen Farben (also z. B. einmal auf einer grünen und einmal auf einer gelben Karte). Geben Sie jedem eine Karte. So entstehen zwei gleich große Gruppen, die „Grünen" und die „Gelben". Achten Sie darauf, dass die beiden Teams leistungsmäßig ausgewogen sind.
Alle bewegen sich zur Musik im Raum, bis Sie diese stoppen und die erste Aufgabe nennen – das kann bspw. eine Frage zu unregelmäßigen Verbformen, Steigerungsformen, Plural o. Ä. sein. Rufen Sie dazu eine der vergebenen Zahlen. Diese beiden Schüler sind nun an der Reihe: Wer zuerst die richtige Antwort nennt, hat einen Punkt für seine Gruppe gewonnen. Notieren Sie die Wertung in einer Tabelle an der Tafel. Danach setzt die Musik wieder ein, alle gehen erneut im Raum umher. Dann stellen Sie eine neue Aufgabe und nennen eine andere Zahl.

Tipps

- Falls die Anzahl Ihrer Schüler nicht durch zwei teilbar ist, verteilen Sie Zahlenkarten in drei Farben.
- Wenn ein einzelner Schüler übrig bleibt, kann dieser auch das Zählen der Punkte übernehmen.
- Um die Aufmerksamkeit Ihrer Lerngruppe aufrechtzuerhalten, sollten Sie ab und zu bereits genannte Zahlen noch einmal aufrufen.

DaZ lernen mit Bewegung

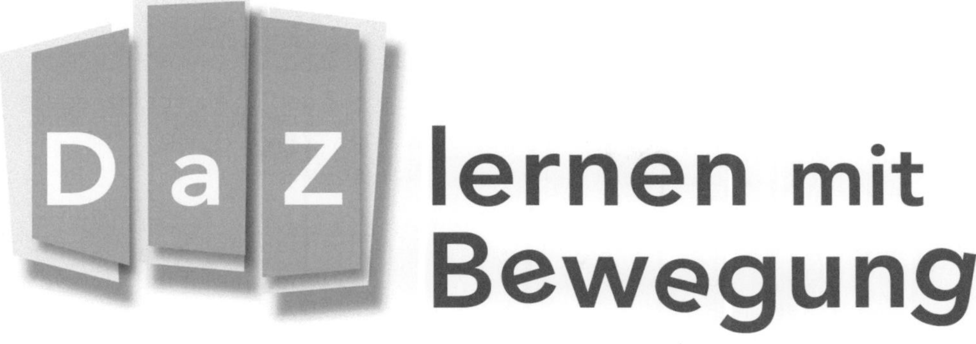

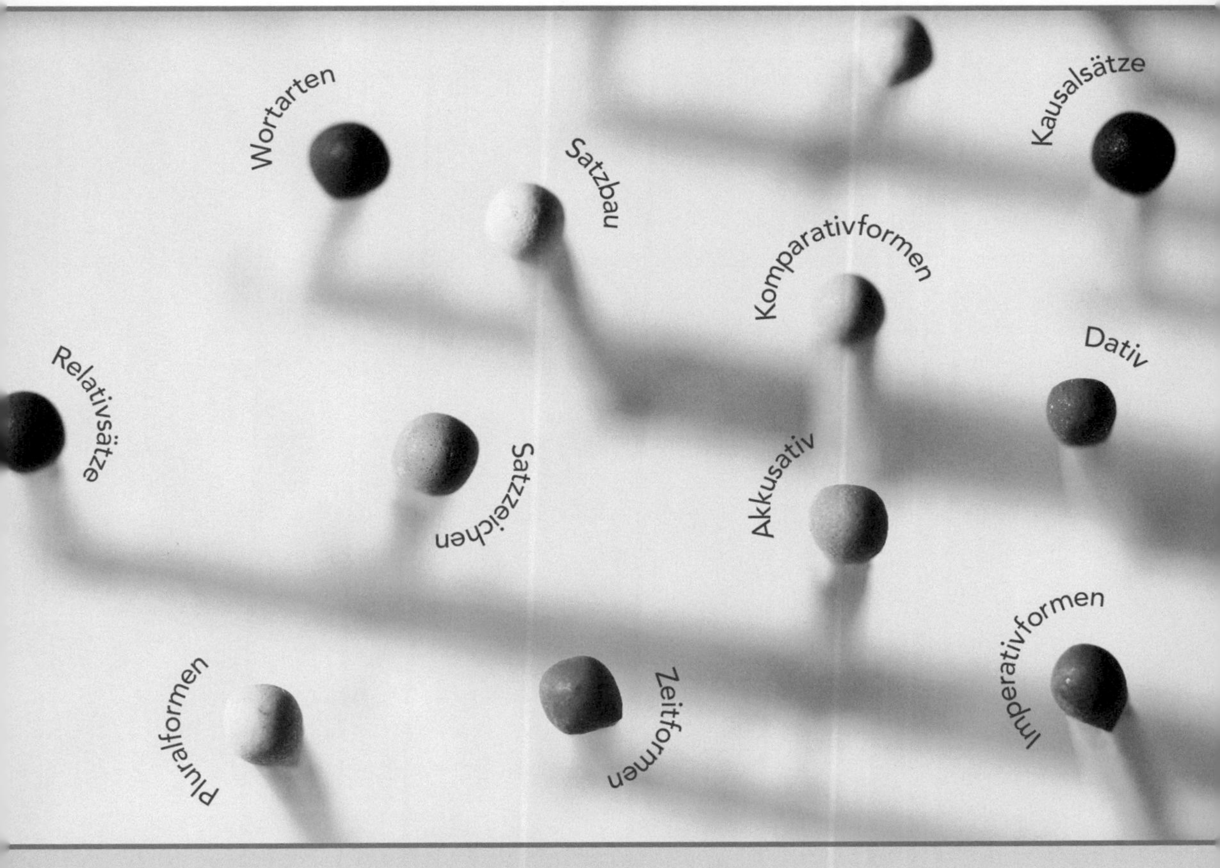
Wortarten
Satzbau
Kausalsätze
Komparativformen
Dativ
Relativsätze
Satzzeichen
Akkusativ
Imperativformen
Pluralformen
Zeitformen

Spiele außerhalb des Klassenraums

Mit dem Rücken zum Ball

Thema: offene und geschlossene Fragen stellen und beantworten

Wortfeld: beliebig

Klasse: 3. bis 6. Klasse

Niveaustufe: ab A1

Sozialform: alle zusammen (max. 12 Lerner)

Bewegungsintensität:

Dauer: ca. 10 Minuten

Vorbereitung: Spielfeld auf den Schulhof zeichnen

Material: 1 kleiner Ball, Straßenkreide

So geht's

Alle stehen in einem abgeteilten Spielfeld. Markieren Sie diese Fläche mit Straßenkreide auf dem Schulhof. Derjenige, der den Ball hat, steht mit dem Rücken zu seinen Mitschülern am Rand des Feldes. Er stellt eine Frage (je nachdem, was Sie üben möchten, eine offene oder geschlossene), z. B.: „Wann stehst du auf?", „Wo spielst du am liebsten?" oder „Was isst du am liebsten?" Jeder muss darauf mit einem passenden Satz antworten.
Dann wiederholt der Schüler eine der Antworten und wirft, ohne sich umzudrehen, den Ball in das Feld. Derjenige, dessen Antwort genannt wurde, muss den Ball fangen. Danach stellt er sich mit dem Rücken zur Gruppe und formuliert die nächste Aufgabe.

Tipp

Bei großen Gruppen werden nur einige Schüler ausgewählt, auf die Frage zu antworten, sonst dauert eine Runde zu lange – alternativ können Sie auch zwei Gruppen bilden lassen, die in zwei Spielfeldern parallel zueinander spielen.

Bewegte Verbkonjugation

Thema: Verben in verschiedenen Zeitformen konjugieren, Hilfsverben, Personalpronomen

Wortfeld: Tätigkeiten

Klasse: 3. bis 6. Klasse

Niveaustufe: ab A1

Sozialform: alle zusammen

Bewegungsintensität: 🏃🏃

Dauer: 5 bis 10 Minuten

Vorbereitung: Tabelle auf den Schulhof zeichnen, Karten mit verschiedenen Verbformen beschriften

Material: Straßenkreide, mind. 1 Verbkarte (ca. DIN A5) pro Schüler, 1 dicker Filzstift

So geht's

Zeichnen Sie mit Straßenkreide eine große, 6-zeilige Tabelle auf den Schulhof. Jede Spalte beginnt mit einem Personalpronomen:

ich	
du	
er/sie/es	
wir	
ihr	
sie	

Geben Sie jedem Schüler eine Verbkarte. Darauf steht in gut lesbarer, großer Schrift eine konjugierte Verbform, aber kein Personalpronomen. Jeder muss sich mit seiner Karte in eine Zeile der Tabelle mit einem passenden Personalpronomen stellen. Dabei wird die Verbkarte hochgehalten. Wenn sich alle einsortiert haben, kontrollieren Sie die Zuordnung gemeinsam. Danach werden die Verbkarten eingesammelt, gemischt und neu verteilt. Wiederum muss sich jeder passend in die Tabelle einordnen. So können Sie mehrere Durchgänge spielen.

Tipps

- Lassen Sie Ihre Lerngruppe vorher die Verbkarten selbst herstellen. Geben Sie dazu jedem den Auftrag, jede Personalform eines bestimmten Verbs (ohne Personalpronomen) mit einem dicken Stift auf eine Karte zu schreiben. Sammeln Sie alle Karten ein und mischen Sie diese. Teilen Sie die Verben, wie oben beschrieben, an die Schüler aus. Benutzen Sie in jeder Runde andere Wörter.
- Bestimmen Sie in jeder Spielrunde zwei Spieler, die für die anschließende Überprüfung zuständig sind. Sie kontrollieren, ob alle mit ihrer Verbform bei dem korrekten Personalpronomen stehen. Wenn nicht, ordnen sie die Betreffenden richtig zu.

Variante

Statt einige Verben komplett zu konjugieren, können Sie auch nur ein bis zwei Karten pro Verb vorbereiten, z. B.: „sehe", „sieht", „kommt", „sage", „sagen", „hast", „habt". Wie oben beschrieben, müssen sich die Schüler beim passenden Personalpronomen aufstellen. So können besonders gut die unregelmäßigen Formen trainiert werden.

Komposita-Zufallsgenerator

Thema: Komposita bilden

Wortfeld: beliebig

Klasse: 5. bis 13. Klasse

Niveaustufe: ab A2

Sozialform: alle zusammen

Bewegungsintensität:

Dauer: 10 Minuten

Vorbereitung: Buchstabenfelder auf den Schulhof zeichnen

Material: Straßenkreide, 2 verschiedenfarbige Spielsteine/Bohnensäckchen o. Ä.

So geht's

Zeichnen Sie mit Straßenkreide ein großes Quadrat mit 5x5 Feldern auf den Boden. Schreiben Sie in jedes Feld einen beliebigen Buchstaben des Alphabets, aber nicht C, J, Q, X oder Y. Markieren Sie in ca. 2–3 m Abstand vom Quadrat eine Wurflinie. Dort stellt sich der erste Spieler auf und wirft die beiden Spielsteine nacheinander auf zwei Buchstabenfelder. Wenn er z. B. zuerst B und dann S getroffen hat, müssen von allen Schülern gemeinsam Komposita gebildet werden, deren erster Teil mit B und deren zweiter Teil mit S anfängt: „Baustelle“, „Ballspiel“, „Bergspitze“, „Buntstift“ etc.
Lassen Sie die Schüler 1 Minute lang alle passenden Wörter nennen, die ihnen zu diesen Buchstaben einfallen. Danach ermittelt ein anderer Spieler die Buchstaben für die nächste Spielrunde. Halten Sie in einer Tabelle fest, wie viele Begriffe jeweils gefunden wurden.

Tipp

Statt Buchstaben zu schreiben, können Sie Buchstabenkarten auf dem Boden auslegen. Befestigen Sie diese mit Klebeband, damit sie nicht verrutschen.

Varianten

- Länger dauert das Spiel, wenn Sie es mit Schreiben verbinden. Dabei notiert jeder Schüler 1 Minute lang passende Wörter. Danach werden die Ergebnisse vorgelesen, bevor Sie die nächste Runde spielen.
- Das Spiel eignet sich auch als Wettbewerb zwischen einzelnen Schülern oder Kleingruppen: Jedes passende Kompositum, das aufgeschrieben wurde, gibt 5 Punkte; ein Kompositum, das niemand sonst bzw. keine der anderen Mannschaften notiert hat, sogar 10 Punkte.

Treppen-Wettlauf

Thema: Wechselpräpositionen, Akkusativ, Dativ

Wortfeld: Orts- und Richtungsangaben

Klasse: 5. bis 13. Klasse

Niveaustufe: ab A2

Sozialform: Einzelarbeit, Gruppenarbeit (max. 12 Lerner)

Bewegungsintensität:

Dauer: 10 bis 15 Minuten

Vorbereitung: –

Material: 5 Papierstreifen pro Schüler, 3–4 Körbe

So geht's

In der ersten Phase des Spiels schreibt jeder Sätze auf Papierstreifen. Es sollen Sätze mit Ortsangaben (z. B.: „Er arbeitet im Büro.") oder Richtungsangaben (z. B.: „Meine Schwester fährt in den Urlaub.") formuliert werden. Achten Sie darauf, dass von beiden Satztypen ungefähr gleich viele vorkommen.
Schüler, die bereits fünf Papierstreifen beschriftet haben, überprüfen die Sätze ihrer Mitschüler und korrigieren sie gegebenenfalls. Mischen Sie zum Schluss alle Satzstreifen gut durch und verteilen Sie sie gleichmäßig auf drei bis vier Körbe.
Gehen Sie mit Ihren Schülern nun für die zweite Phase ins Treppenhaus und bilden Sie drei oder vier 3er-Gruppen. Je ein Spieler pro Team fungiert als Spielleiter und bekommt einen Korb mit Sätzen. Die beiden anderen treten gegeneinander an und stellen sich nebeneinander an den Absatz einer Treppe. Der Spielleiter zieht nach und nach einen Papierstreifen und liest den Satz jeweils vor. Spieler A darf bei jedem Satz, der einen Ort angibt (Dativ), eine Stufe nach oben gehen. Spieler B bewegt sich bei Sätzen mit Richtungsangaben (Akkusativ) eine Stufe höher. Wenn ein Spieler falsch reagiert hat, muss er zur Strafe eine Stufe nach unten.
Das Spiel endet, wenn der erste Spieler den nächsten Treppenabsatz erreicht hat oder keine Satzstreifen mehr im Korb liegen.

Tipp

Achten Sie darauf, dass sich die verschiedenen Kleingruppen weit genug voneinander entfernt im Treppenhaus (auf verschiedenen Etagen) verteilen.

Sie können die Satzstreifen auch für folgende Spielvariante nutzen: Reihum greift ein Schüler in einen Korb mit Sätzen und liest einen Satz vor. Die übrigen Spieler bleiben auf ihrem Platz sitzen, wenn es sich um einen Satz mit Dativergänzung handelt, und stehen auf, sobald ein Satz im Akkusativ vorgelesen wird.

Ferngesteuert

Thema: Imperativformen, Richtungsangaben im Akkusativ, Präpositionen

Wortfelder: Verben der Bewegung, Wegbeschreibung

Klasse: 5. bis 13. Klasse

Niveaustufe: ab A2

Sozialform: alle zusammen (max. 12 Lerner)

Bewegungsintensität:

Dauer: 5 bis 10 Minuten

Vorbereitung: –

Material: –

So geht's

Ein Schüler wird ausgewählt, der einen Weg zurücklegen soll. Der Rest der Lerngruppe denkt sich gemeinsam ein Ziel aus, ohne dass der ausgewählte Schüler dies hört. Bspw. soll er von seinem Platz bis zur Eingangstür der Schule gehen. Er darf dabei nur solche Bewegungen machen, die von seinen Mitschülern angesagt werden. Jedes einzelne Detail muss genannt werden, also z. B.: „Stehe von deinem Platz auf!", „Drehe dich um!", „Öffne die Tür!" etc. Die Mitschüler folgen dem Schüler und begleiten seinen Weg mit Anweisungen.

Tipps

- Um die Sprechanteile der Schüler in großen Lerngruppen zu erhöhen, können Sie Kleingruppen bilden, die jeweils einen Spieler „steuern" sollen.
- Zur Differenzierung können Sie Karten mit vorgegebenen Wegen vorbereiten. Leistungsstärkere Gruppen bekommen einen komplizierteren oder längeren Weg als schwächere. Z. B.: „Von der Tafel bis zur Treppe im Flur" oder „Vom Platz rechts am Fenster bis zum Sekretariat".
- Üben Sie vorher mit den Schülern Bewegungsanweisungen und sammeln Sie diese an der Tafel, z. B.: „Gehe drei Schritte nach links!", „Drehe dich um!" etc.
- Damit jeder gleichermaßen beteiligt ist, können Sie mit dem Prinzip des Redesteins arbeiten. Einer bekommt einen Stein o. Ä. Wenn er seine Anweisung erteilt hat, gibt er diesen an einen Mitschüler weiter, der den nächsten Teil der Wegbeschreibung formuliert.

Schul-Rallye

Thema: Abfrage beliebiger Grammatikinhalte (z. B. Konjugation, Deklination)

Wortfeld: beliebig

Klasse: 3. bis 13. Klasse

Niveaustufe: ab A1

Sozialform: in Gruppen gegeneinander

Bewegungsintensität: 🏃🏃🏃

Dauer: 30 bis 40 Minuten

Vorbereitung: Aufgabenkarten erstellen und im Gebäude aufhängen

Material: 50 Aufgabenkarten (DIN A5 oder DIN A6), Klebeband, 1 Würfel, Spielplan (siehe KV auf S. 134), 1 andersfarbige Spielfigur pro Gruppe

So geht's

Beschriften Sie 30–40 Karten mit Aufgaben zur Wiederholung beliebiger Grammatikinhalte, z. B. Lückensätze, Umformungsübungen, Satz-Puzzles etc. Die übrigen Karten können Sie für lustige Arbeitsaufträge nutzen, wie z. B. ein Lied singen, einen Witz erzählen, zehn Kniebeugen machen etc. Auf der Rückseite der Aufgabenkarten steht jeweils eine Zahl zwischen 1 und 50. Hängen Sie die Karten im Schulgebäude verteilt auf (nicht nach Nummern sortiert), sodass man die Zahlen gut erkennen kann. Teilen Sie Ihre Lerngruppe in Teams von drei bis fünf Spielern. Alle Gruppen beginnen an dem Tisch im Klassenraum, auf dem der auf DIN A3 vergrößerte Spielplan liegt. Ein Spieler aus jeder Mannschaft würfelt und setzt die Spielfigur seines Teams um die entsprechende Augenzahl nach vorn. Dann machen sich alle Teams auf die Suche nach der Karte mit ihrer erwürfelten Nummer. Ist eine Gruppe fündig geworden, löst sie auf einem Zettel so schnell wie möglich die Aufgabe und rennt zurück zum Startpunkt der Rallye (die lustigen Aufträge werden erst dort erledigt, damit Sie als Schiedsrichter z. B. das Lied hören können). Die Aufgabenkarte bleibt an ihrem Platz hängen. Im Klassenraum kontrollieren Sie die Lösung der Mannschaft. Danach würfelt das Team erneut, setzt seine Figur auf dem Spielplan weiter und sucht die nächste Aufgabenkarte. Falls eine Aufgabe falsch gelöst wurde, muss die Spielfigur auf den alten Standort zurück, und es wird erneut gewürfelt. Sieger ist das Team, das zuerst das Zielfeld erreicht.

Tipp

Bestimmen Sie einige leistungsstarke Schüler, die Ihnen beim Kontrollieren der Aufgaben helfen. Erstellen Sie dafür gegebenenfalls einen Lösungszettel.

Spielplan zur Schul-Rallye

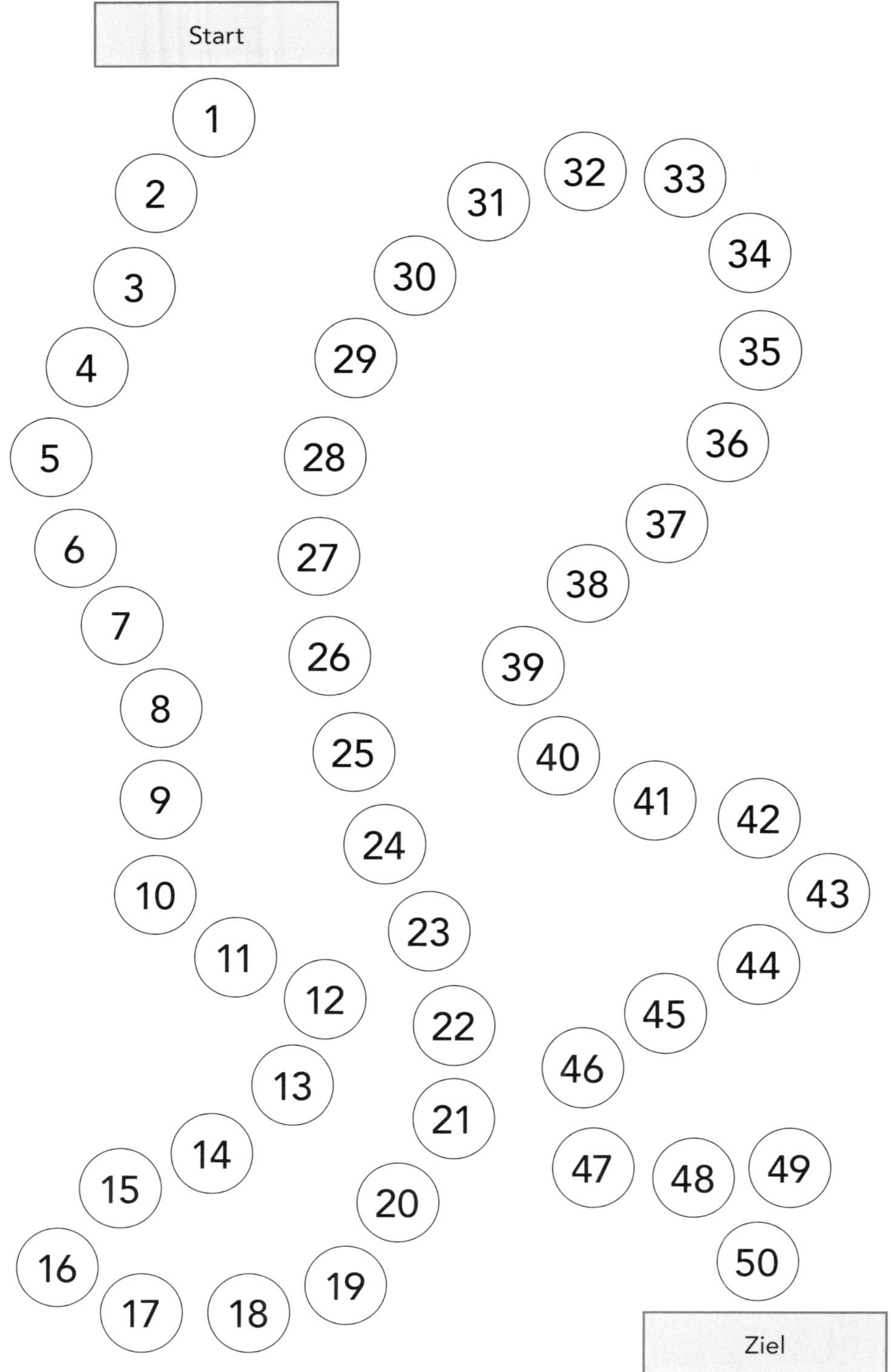

Bierdeckelschlacht

Thema: Abfrage beliebiger Grammatikinhalte

Wortfeld: beliebig

Klasse: 3. bis 8. Klasse

Niveaustufe: ab A1

Sozialform: in Gruppen gegeneinander

Bewegungsintensität: 🏃🏃

Dauer: 10 bis 15 Minuten

Vorbereitung: Aufgabenkarten erstellen, Spielfelder auf den Schulhof zeichnen

Material: 50 Aufgabenkarten, Straßenkreide, 50 Bierdeckel, 1 Gong

So geht's

Teilen Sie auf dem Schulhof zwei gleich große Felder mit Straßenkreide ab. Die Schüler bilden zwei Teams und verteilen sich gleichmäßig in den beiden benachbarten Spielfeldern. Jede Gruppe bekommt 25 Bierdeckel. Nun haben die Schüler 1 Minute Zeit, die Bierdeckel aus ihrem Feld in den benachbarten Spielbereich zu werfen. Auch alle gerade erst hineingeworfenen Bierdeckel werden so schnell wie möglich wieder zurückgespielt. Nach Ablauf der Zeit beenden Sie das Spiel mit einem Gong. Nun zählen beide Gruppen, wie viele Bierdeckel in ihrem Feld liegen geblieben sind. Pro Bierdeckel bekommen die Teams eine Aufgabekarte, die gemeinsam bearbeitet werden muss. Das könnten z. B. Lückensätze oder Konjugationsübungen sein. Nach der Bearbeitung der Aufgaben werden diese in der gesamten Lerngruppe besprochen.

Tipp

Schneller geht das Überprüfen der Aufgaben, wenn Sie für jede Mannschaft einen Lösungszettel vorbereiten.

Tabellarische Übersicht

Die Spiele stehen in der Tabelle in derselben Reihenfolge, wie sie im Buch vorkommen.

Spieltitel	Artikel	Substantiv	Deklination*	Verb-konjugation	unregelmäßige Verbformen	Steigerung von Adjektiven	Satzbau	Sonstiges
Satzzeichenspiel (S. 12)								x
Schleichdiktat (S. 14)							x	
Fliegenklatschenspiel (S. 16)				x				
Bewegte Zeiten (S. 17)				x	x			
Lückenpantomime (S. 18)				x	x			
Das Auto wird repariert (S. 20)				x			x	x
Wo liegt was? (S. 21)			D					
Alle stehen auf, die … (S. 22)								
Buzzer-Spiel (S. 23)	x	x	x	x	x	x	x	x
Höflicher Simon (S. 24)				x				x
Verb-Kette (S. 26)				x	x			
Wiederholte Pantomime (S. 27)				x	x			
Kreis der Gemeinsamkeiten (S. 28)				x			x	
Verbkonjugation mit Ausscheiden (S. 29)				x				
Konjugations-Jonglage (S. 30)				x	x			
Ballontreiben (S. 31)				x				
Ich kann, du kannst … (S. 32)				x			x	

*geht es speziell um den Akkusativ oder Dativ, wird dies durch Buchstaben gekennzeichnet

Der, die, das (S. 34)	x							
Ein Tier, viele Tiere (S. 35)		x		x	x			
Adjektiv-Pingpong (S. 36)						x		
Mein rechter Platz ist „tierisch" frei (S. 37)	x		A					
Berufe mit Akkusativ (S. 39)			A				x	
Unterwegs nach … (S. 40)			A/D					
Flaschen-Domino (S. 41)	x		x				x	
Domino für alle (S. 42)	x		x					
Legediktat (S. 43)	x		A/D	x				
Flohmarktspiel (S. 44)			A				x	
Satzball (S. 45)			A/D				x	
Satzkarussell (S. 46)							x	
Relativer Obstsalat (S. 47)							x	
Mein rechter Platz ist „relativ" frei (S. 48)							x	
Hatschipatschi – Quatschantworten (S. 49)							x	
Fang den Ball (S. 50)	x	x	x	x	x	x	x	x
Wortarten-Staffel (S. 52)								x
Präteritum-Staffel (S. 54)				x	x			
Tafel-Staffel (S. 56)				x				
Wäscheleinen-Staffel (S. 57)		x						
Bildkarten-Staffel (S. 59)		x						
Monster-Staffel (S. 61)		x	A			x		
Blinden-Staffel (S. 63)		x	A					x

Spieltitel	Artikel	Substantiv	Deklination*	Verb-konjugation	unregelmäßige Verbformen	Steigerung von Adjektiven	Satzbau	Sonstiges
Satzbau-Staffel (S. 65)							x	
Bierdeckel-Staffel (S. 66)	x	x	x	x	x	x	x	x
Würfel-Ausstreich-Staffel (S. 67)	x	x	x	x	x	x	x	x
Tipp Topp (S. 70)				x	x			
Kettenschlange (S. 71)	x	x						
Chor der Verben (S. 72)				x				
Adjektiv-Rallye (S. 73)	x		A					
Schnell – schneller – am schnellsten (S. 74)						x		
Line up (S. 76)						x		
Pärchenspiel mit Satzteilen (S. 78)							x	
Kette der Gemeinsamkeiten (S. 79)							x	
Schnelle Schlange (S. 80)			A/D				x	
Was ich von dir weiß (S. 82)				x			x	
Unsere Gruppe (S. 83)							x	
Präteritum-Kette (S. 84)				x	x			
Der Lüge auf der Spur (S. 85)				x				
Kartentausch (S. 86)				x	x			
Raum-Alphabet (S. 87)	x							

Überraschungspärchen (S. 89)		x						
Komposita-Puzzle (S. 90)		x						
Farben im Reifen (S. 91)	x		A	x			x	
Wer sucht, der findet (S. 92)	x		A				x	
Tischlein, deck dich (S. 94)			A					x
Was ist anders? (S. 95)			D					
Modepüppchen (S. 97)			A					
Fasse etwas an, das … (S. 100)						x		
Bewegte Farben (S. 101)			D					
Versteckte Buchstaben (S. 102)			D					
Schatzsuche (S. 104)			D					
Ketten-Aufforderungen (S. 105)			A	x				x
Bewegungswürfel (S. 107)				x				x
Lücken auf dem Rücken (S. 108)	x	x	x					
Schnittmenge bilden (S. 109)							x	
Satzstreifen unterwegs (S. 110)							x	
Der schnellste Nebensatz gewinnt (S. 112)							x	
Wenn es regnet … (S. 114)							x	
Onkel Otto auf Plakaten (S. 115)							x	
Wort auf dem Rücken (S. 117)							x	
Satz-Puzzle (S. 118)							x	
Lebende Sätze (S. 119)							x	
Von Satz zu Satz (S. 121)							x	

Spieltitel	Artikel	Substantiv	Deklination*	Verb-konjugation	unregelmäßige Verbformen	Steigerung von Adjektiven	Satzbau	Sonstiges
Korrekturwimmeln (S. 122)	x	x	x	x	x	x	x	x
Abfragen mit Zahlen (S. 123)	x	x	x	x	x	x	x	x
Mit dem Rücken zum Ball (S. 126)							x	
Bewegte Verbkonjugation (S. 127)				x				
Komposita-Zufallsgenerator (S. 129)		x						
Treppen-Wettlauf (S. 130)			A/D				x	
Ferngesteuert (S. 132)			A	x				x
Schul-Rallye (S. 133)	x	x	x	x	x	x	x	x
Bierdeckelschlacht (S. 135)	x	x	x	x	x	x	x	x

Medientipps

Braune, Ulla:
Mit Bewegung zur Sprachkompetenz. 50 sportliche Bewegungsspiele zur Förderung von Schülern mit Migrationshintergrund, Band 1.
Brigg-Pädagogik 2013.
ISBN 978-3-87101-830-5

Daum, Susanne/Hantschel, Hans-Jürgen:
44 kommunikative Spiele. Deutsch als Fremdsprache. Grammatik A2–C1.
Klett 2014.
ISBN 978-3-1267-5194-0

Fink, Christine:
55 Five-Minute-Games. Sprachspiele für den Englischunterricht.
Verlag an der Ruhr 2011.
ISBN 978-3-8346-0909-0

Göb-Fuchsberger, Martin:
DaZ-Lernspiele zur individuellen Förderung. Wortschatz und Grammatik systematisch üben – inklusive Lernstandserhebung und Spielmaterial.
Verlag an der Ruhr 2016.
ISBN 978-3-8346-3196-1

Petillon, Hanns:
1 000 Spiele für die Grundschule. Von Adlerauge bis Zauberbaum.
Beltz 2015.
ISBN 978-3-407-62993-7

Piel, Alexandra:
Spiele zur Unterrichtsgestaltung Deutsch.
Verlag an der Ruhr 2013.
ISBN 978-3-8346-2330-0

Piel, Alexandra:
Willkommen in der deutschen Sprache: Erste Übungen zum Grundwortschatz. Einfache Arbeitsblätter für Selbstlerner und DaZ-Klassen.
Verlag an der Ruhr 2016.
ISBN 978-3-8346-3228-9

Schiffler, Ludger:
Effektiver Fremdsprachenunterricht. Bewegung – Visualisierung – Entspannung.
Narr 2012.
ISBN 978-3-8233-6680-5

Wilkening, Nina:
80 schnelle Spiele für die DaZ- und Sprachförderung.
Verlag an der Ruhr 2013.
ISBN 978-3-8346-2310-2

Wilkening, Nina:
Die große DaZ-Spielesammlung. Ideen zur Sprachförderung für die Sekundarstufe I.
Verlag an der Ruhr 2015.
ISBN 978-3-8346-2757-5